DIE REIHE
AUF SCHIENEN UNTERWEGS

DER ASPANGBAHNHOF UND
DIE WIEN-SALONIKI-BAHN

DIE REIHE
AUF SCHIENEN UNTERWEGS

DER ASPANGBAHNHOF UND DIE WIEN-SALONIKI-BAHN

Gerhard Kletter

SUTTON
VERLAG

Sutton Verlag GmbH
Arnstädter Straße 8
99096 Erfurt
www.suttonverlag.de
Copyright © Sutton Verlag, 2006
6. Auflage, 2023

ISBN: 978-3-89702-928-6
Druck: Books on Demand GmbH, Norderstedt, Deutschland

Inhaltsverzeichnis

Danksagung

Besonderen Dank für die große Hilfe möchte ich dem Direktor des Bezirksmuseums Landstraße, Herrn Prof. Karl Hauer, aussprechen. Weiters Katharina Klettermayer, die die Transporte der jüdischen Mitbürger vom Aspangbahnhof genau untersucht und die Daten zusammengestellt hat.

Autor und Verlag danken Fritz Lange für die fachliche Beratung.

Einleitung

Die Aspanggründe und die Bahnstrecke sind eng mit der Geschichte des dritten Bezirkes und Niederösterreichs verbunden. Vielleicht mögen eingefleischte Eisenbahnfreunde enttäuscht sein von diesem Buch, das nicht mehr technische Einzelheiten enthält, die allerdings bereits in anderen Büchern veröffentlicht sind. Es gibt sowohl ausführliche Bücher über die Aspangbahn als auch über den Wiener Neustädter Kanal, der verkehrstechnisch der Vorläufer dieser Bahnstrecke war. Doch die nun vorgesehene Verbauung der Aspanggründe gab den aktuellen Anstoß, nochmals von diesen nun bald völlig verschwundenen Bauwerken und den Geschehnissen rund um Bahn und Bahnhof zu berichten. Die Aspangbahn war eine Verkehrsader, die auch an Wochenenden und in Ferienzeiten die Schönheiten der Umgebung Wiens für viele Bürger erschloss. Daher werden hier auch jene Orte gezeigt, die die damaligen Nutzer der Bahn besuchten.

Zu einem Bericht über die Aspangbahn gehört daher ebenso eine kurze Geschichte des Wiener Neustädter Kanals. Sie dient dem Verständnis der Entwicklung und des Wandels der Verkehrswege zu Beginn des Industriezeitalters. Da 2003 im Sutton Verlag der Bildband „Von Wien zur Adria. Der Wiener Neustädter Kanal" von Fritz Lange erschienen ist, wird dieses Kapitel relativ kurz gehalten.

Es gibt bis heute kaum Publikationen, auch nicht in ausführlichen Abhandlungen über den Aspangbahnhof, darüber, dass zwischen 1942 und 1944 die meisten Wiener Juden von hier aus abtransportiert wurden – in Arbeitslager, Konzentrationslager oder direkt in die Vernichtung. Leider wurden die hier beschriebenen Bahnstrecken auch dafür verwendet, und es ist wichtig, dies zu beschreiben, da es ein Teil der Geschichte Österreichs ist und auch ein Bestandteil der Geschichte der Eisenbahn. Denn ohne diese technische Errungenschaft wäre der Zweite Weltkrieg in der Form, wie er geführt wurde, gar nicht möglich gewesen.

Über die schönen Seiten unserer lokalen Geschichte berichten wir öfters und sind berechtigterweise auch stolz darauf. Dieser Band bildet da keine Ausnahme. Dies impliziert aber auch die Verpflichtung, die Schattenseiten nicht zu vergessen, damit Fehler nicht wiederholt werden. Ich will daher auch an jene Menschen erinnern, die große Ängste und Erniedrigung erleiden mussten, als sie von hier aus deportiert wurden.

Gerhard Kletter
im Juli 2006

1

Geschichte der Aspanggründe

Seit der Betrieb der Aspangbahn 1971 eingestellt wurde, liegen zwischen Landstraßer Gürtel, Landstraßer Hauptstraße und Rennweg die sogenannten Aspanggründe ungenutzt mitten in der Stadt. Die freie Fläche soll nun aber doch verbaut werden.

Der letzte Rest eines Geleises an der Verladerampe.

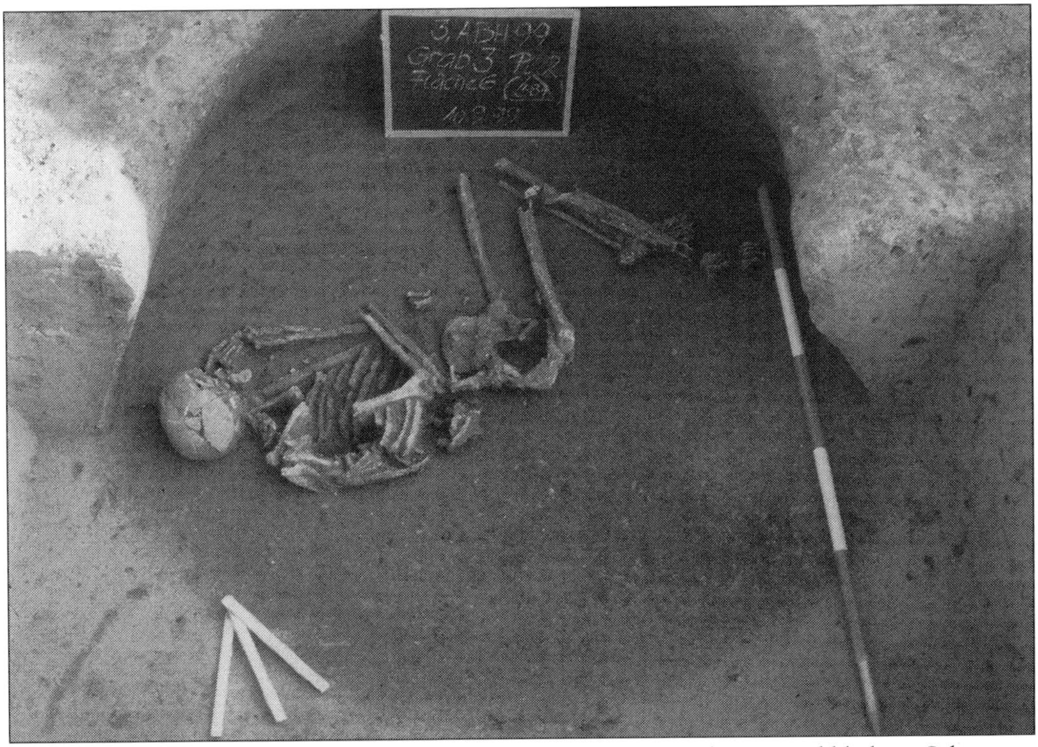

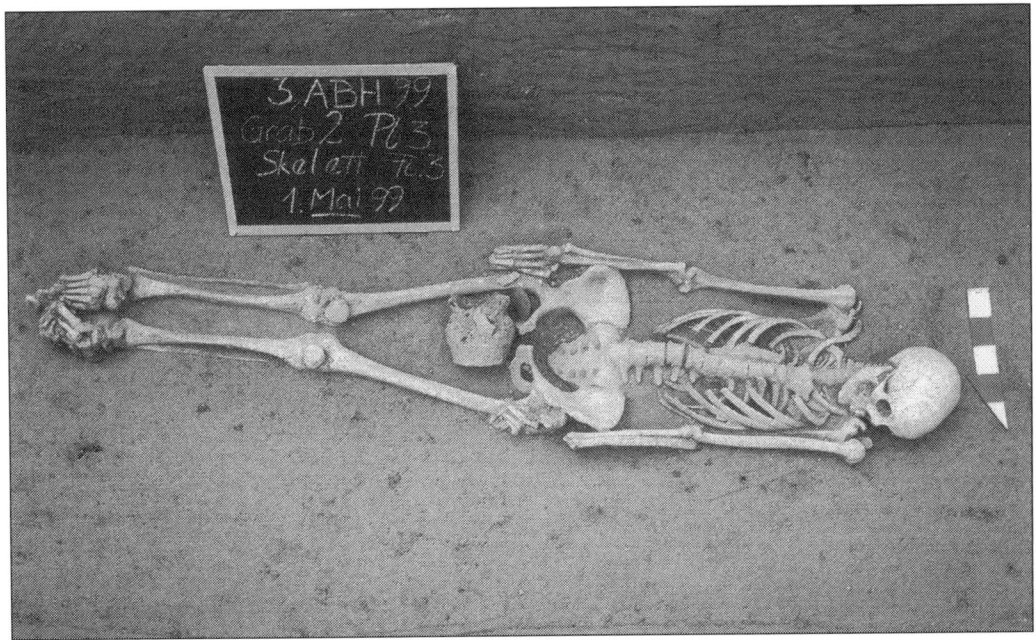

Diese potentiellen Baugründe können auf eine lange Vergangenheit zurückblicken. Schon vor der Errichtung des römischen Kastells Vindobona scheint es hier kleinere Siedlungen gegeben zu haben – Funde von Hockergräbern aus der Bronzezeit sprechen dafür.

Ein Awarengrab, das bei einer archäologischen Grabung 1999 auf den Aspanggründen gefunden wurde. Zwischen den Beinen des Toten liegt ein Tonkrug als Grabbeigabe.

Die Münzen aus der Römerzeit wurden bei Ausgrabungen in der Zivilstadt Vindobona auf dem Gelände des Aspangbahnhofes gefunden.

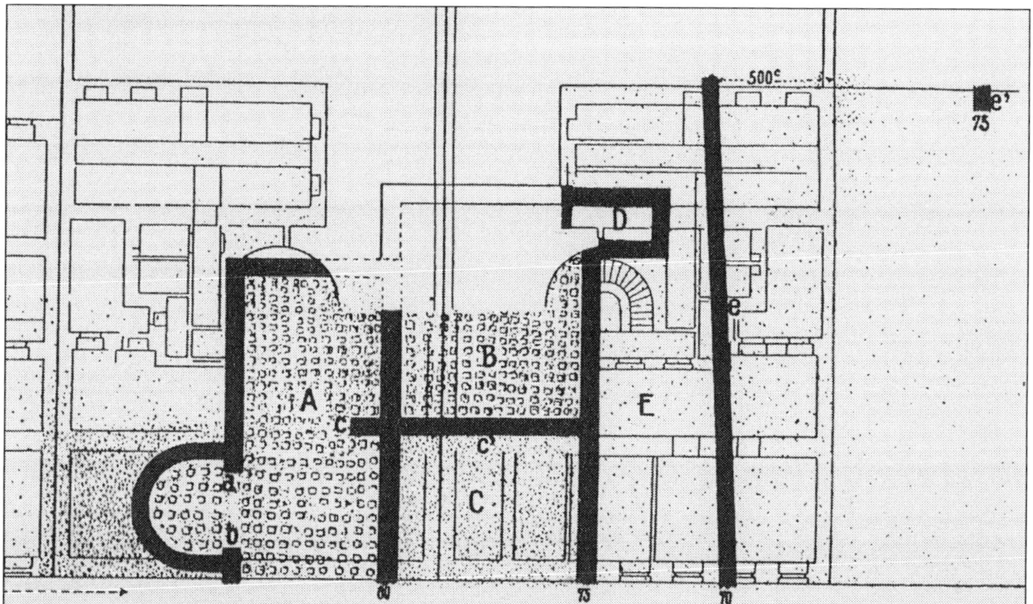

Aus der Zeit der Römer wurden zahlreiche Überreste von Wohnhäusern mit Bad und Warmluftheizung gefunden. Hier der Plan eines Wohnhauses.

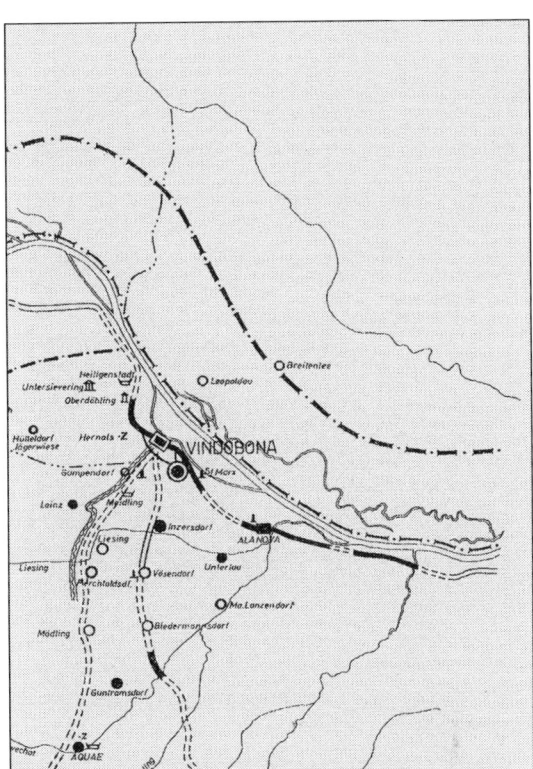

Auf der ältesten bekannten Straßenkarte ist ein Teil der römischen Provinzen Noricum und Pannonien zu sehen. Zivilisten durften Militärstraßen und -lager nicht betreten, daher entstanden in der Nähe Zivilstädte, die für die Versorgung und auch für die Vergnügungen der Legionäre wichtig waren und deren Bewohner gut verdienten. Auf den heutigen Aspanggründen, die mit einem Punkt in einem Kreis markiert sind, entstand die Zivilstadt für das Lager Vindobona.

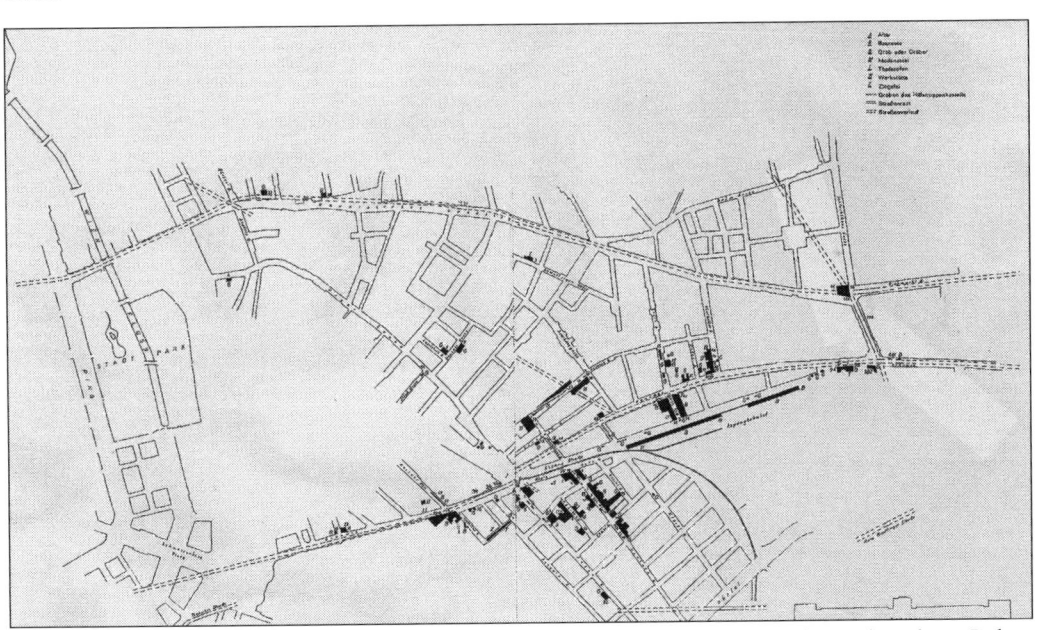

Die gefundenen Gebäudereste sind hier schwarz eingezeichnet. Beim Abriss des alten Bahnhofsgebäudes wurden römische Mauern und zahlreiche Reste der Besiedlung gefunden. Die Legionäre nahmen bei Verlegungen an einen neuen Standort persönliche Stücke und religiöse Gegenstände mit. So kam der aus den weit entfernten kleinasiatischen Provinzen stammende Mithras-Kult hierher nach Noricum.

Im römischen Zivillager wurde diese Statue aus Ägypten gefunden, die den Tempelbeamten Chai-Hapi darstellt, der etwa 1.200 Jahre vor Christus lebte.

Der Torso einer römischen Götterstatue wurde auf den Aspanggründen ausgegraben. Etwa 400 n.Chr. wurden Vindobona und die Zivilstadt zerstört. Doch auf den Trümmern entstanden wieder neue Siedlungen.

2

Der Wiener Neustädter Kanal

Die Ausweitung der Stadt Wien sowie die Zunahme der Bevölkerung erforderten im 18. Jahrhundert neue Verkehrswege. Aus diesem Grund wurde der Wiener Neustädter Kanal geplant, auf dem vorwiegend Energieträger transportiert wurden, wie etwa Holz, das am Beginn des Industriezeitalters überall benötigt wurde. Die Behörden förderten aber vor allem die Betriebe, die Kohle und Torf verwendeten, z.B. mit Hofdekreten von 1810 und 1815. Denn bei Wiener Neustadt und Ödenburg war Kohle gefunden worden, doch der Transport nach Wien mit Pferdefuhrwerken war mühsam. Daher plante man nach ausländischem Vorbild die Schaffung von Wasserwegen als preisgünstige Verkehrswege. Ein Hafen dieses neuen Wasserweges war auf dem Glacis vor dem Stubentor vorgesehen. Am 29. November 1794 unterbreitete die Wienerisch Neustädter Steinkohlengewerkschaft Kaiser Franz den Plan, einen Kanal von der Gegend Schottwien bis Wien zu bauen. Später plante man, den Kanal bis nach Triest, den Hochseehafen Österreichs, auszubauen, was jedoch nicht umgesetzt wurde.

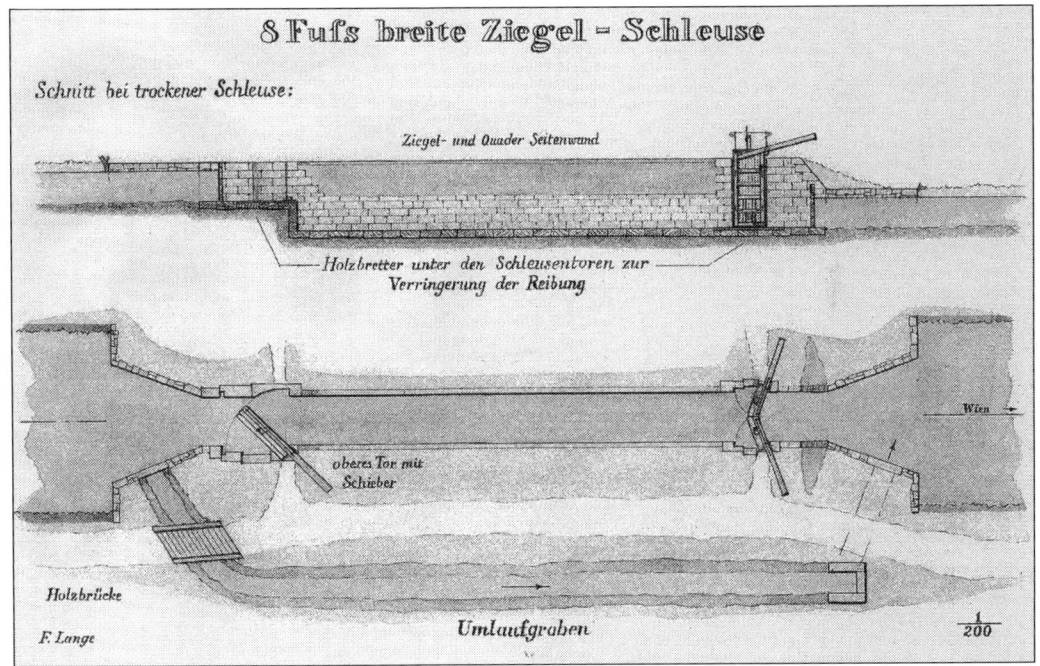

Beim Bau des Wiener Neustädter Kanals wurden alle Bauwerke nach dem Muster der englischen „ökonomischen" Kanäle geplant, wie zum Beispiel diese Schleusen.

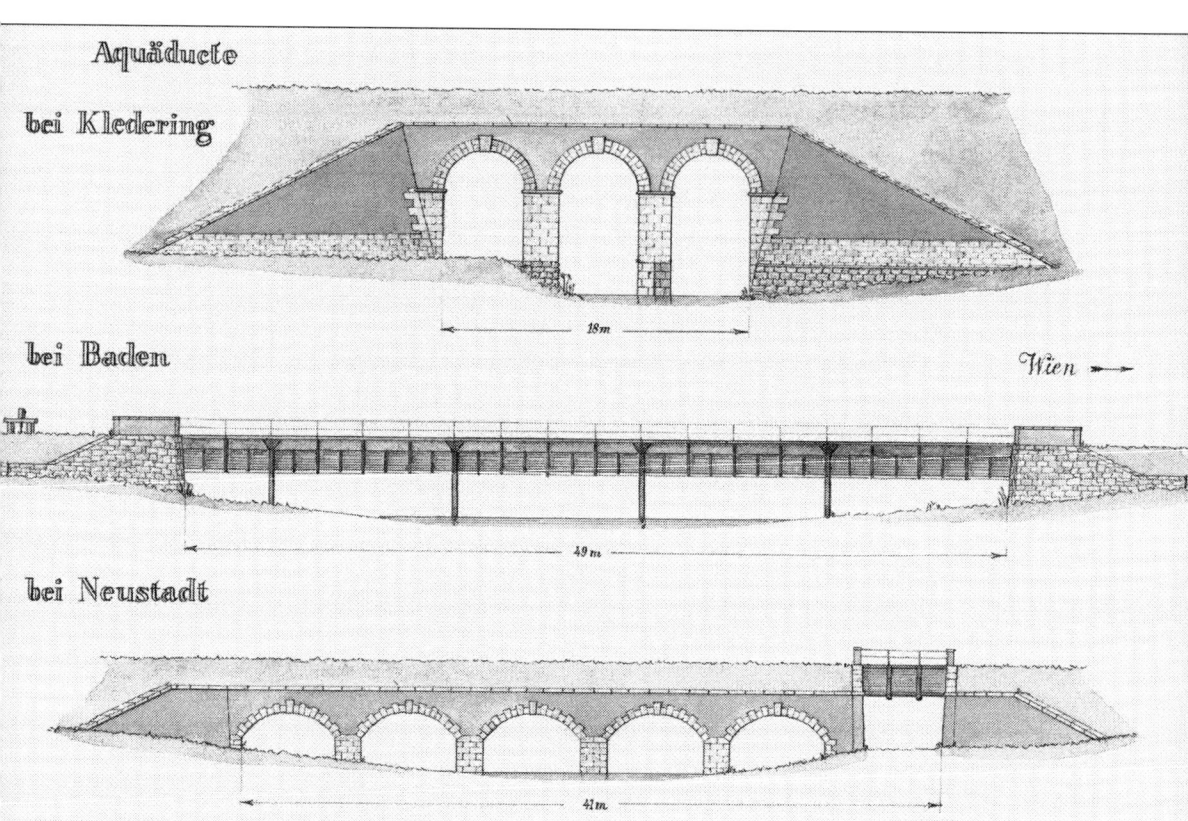

Auch Aquädukte waren notwendig, damit der Kanal vorhandene Wasserläufe queren konnte.

Der Kaiser billigte das Kanalbau-Projekt, beteiligte sich sogar mit seinem Privatvermögen am Bau und beauftragte den Grafen Saurau, als Hofkommissär, die Aufsicht über das Projekt zu übernehmen. Dies auch deswegen, weil ein Teil der Trasse durch seinen Amtsbereich, das Viertel unter dem Wienerwald, führte. Hier sieht man die ehemalige Kanaltrasse im 21. Jahrhundert.

17

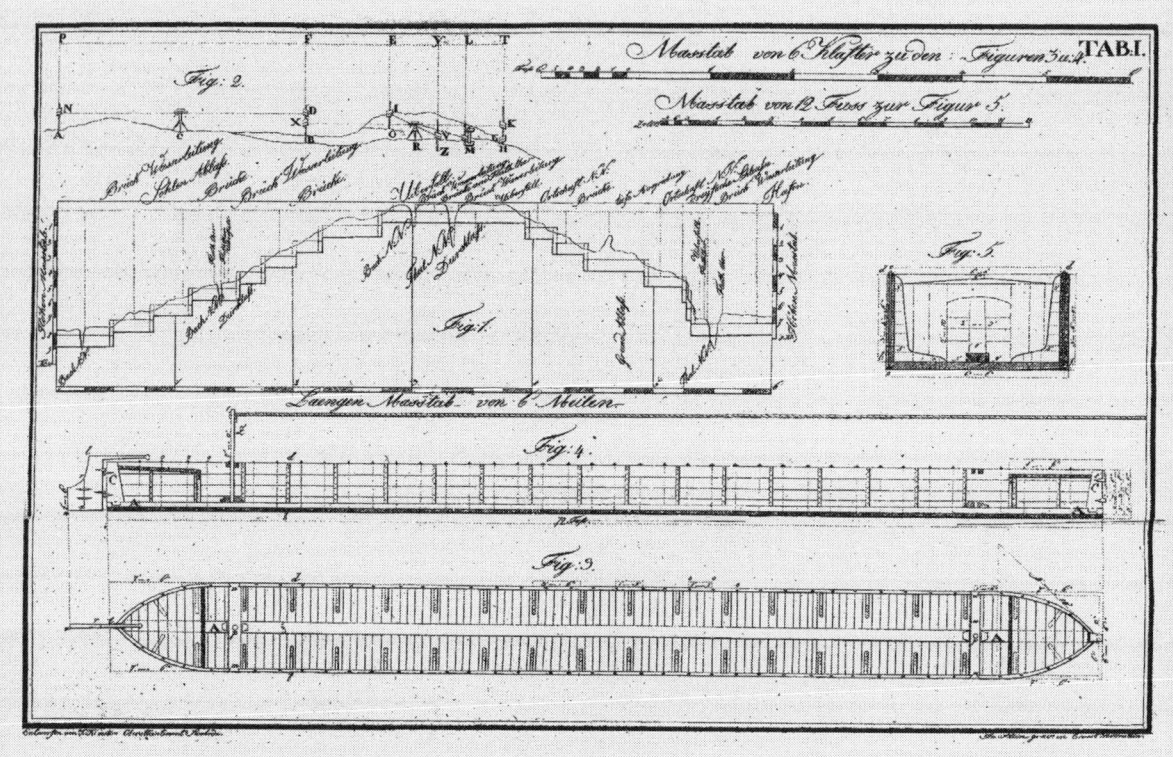

Im April 1794 gründeten Bernard von Tschoffen, Joseph Reitter und der ungarische Graf Anton Appony die Wienerisch Neustädter Steinkohlengewerkschaft. Bereits am 4. Mai begann der Ingenieur-Oberstleutnant Sebastian von Maillard mit acht Gehilfen in Weißenbach zwischen Schottwien und Gloggnitz mit der Vermessung der ursprünglichen Kanaltrasse. An manchen Stellen mussten Aquädukte geplant werden. Der Kanal sollte vor allem Kohle, Holz und Ziegel billig nach Wien schaffen, aber auch Handelsgüter, die über die Semmeringstraße bis Gloggnitz kamen. Im Herbst 1795 reiste Maillard nach England, um dort die Kanäle zu studieren, denn man plante auch Kanalverbindungen nach Ödenburg, bis zur Mur und nach Triest. Letztendlich blieb der Bau aber beim Pöttschinger Sattel, ca. neun Kilometer nach Wiener Neustadt, stecken. Auch die von Pferden gezogenen Lastkähne wurden genau nach englischen Vorbildern geplant.

Die Wienerisch Neustädter Steinkohlengewerkschaft wurde 1797 die k.k. privilegierte Kanal- und Bergbaukompagnie und begann im gleichen Sommer bei Guntramsdorf unter der Leitung Maillards mit den Bauarbeiten. Für die Ziegelerzeugung waren vor allem Kroaten und Italiener angestellt, beim eigentlichen Kanalbau arbeiteten jedoch etwa 1.200 Militärarbeiter. Später wurden sogar Kettensträflinge vom Brünner Spielberg für die Arbeit an den Wiener Kanalabschnitten eingesetzt. Das Militär half immer wieder bei schwierigen Bauabschnitten mit Pionieren und Maurern aus. Im Jahre 1799 erreichten die Arbeiten bei St. Marx die Wiener Stadtgrenze. Nahe dem Mauthaus durchquerte der Kanal den Linienwall. Hier war er durch ein Gittertor versperr- bar. Zwischen Rennweg und Invalidenhaus querte er die Gärten der Vorstadt Landstraße. 1800 entstand zwischen Invalidenhaus und dem Wiental der Wiener Kanalhafen mit Magazinen. Am 13. April 1802 übernahm der Staat, der bisher auch die Baukosten bestritten hatte, den Kanal als Eigentum. Eine eigene Hofkommission betreute nun den Kanalbau.

1803 wurde der 57 Kilometer lange Abschnitt der Wasserstraße von Wiener Neustadt nach Wien fertiggestellt. Das Gefälle betrug 100 Meter, es gab 50 Schleusenkammern mit 2,2 Metern Breite, die später auf 2,5 Meter erweitert wurden, um breitere Lastkähne verwenden zu können. 16 Aquädukte zur Überquerung von Wasserläufen mussten ebenfalls errichtet werden. Am rech- ten Kanalufer war ein 2,5 Meter breiter Treppelweg, auf dem die Treidler – die Pferdeknechte – die Pferde trieben. Links wurde ein etwa 1,5 Meter breiter Pfad angelegt.

Über die Piesting, die Leitha und den Kehrbach bei Wiener Neustadt wurde nun mit der Füllung des Kanals begonnen, die jedoch durch Dammbrüche und Unterwaschungen verzögert wurde. Im Jahre 1803 brach ein Damm bei Simmering, und das Wasser versickerte im Wiener Hafen am Rennweg. Nach den Ausbesserungsarbeiten startete am 18. April 1803 das erste Schiff von Wien. Die Hofkommission begutachtete an diesem Tag das neue Bauwerk. Am 25. April verließ das erste beladene Schiff Wiener Neustadt, am 12. Mai um fünf Uhr früh eröffneten vier Fracht- kähne den regulären Frachtbetrieb von Wien. Am 13. Mai kamen sie um 16 Uhr in Wiener Neustadt an.

Ein Lastkahn wurde von einem Pferd sowohl ab-, als auch aufwärts gezogen. Er konnte anfangs 22 Tonnen, nach der Kanalverbreiterung sogar 30 Tonnen Last aufnehmen. Die Kähne waren 23 Meter lang, ursprünglich zwei Meter und später 2,3 Meter breit. Ein einzelnes Pferd konnte somit ein Transportgewicht von 30 Tonnen mit einer Geschwindigkeit von etwa fünf Stundenkilometern bewegen. Ein Pferdepaar als Zugtiergespann auf der Straße konnte nur maximal zwei Tonnen bewältigen. 40.000 Pferde waren damals täglich zwischen Triest und Wien unterwegs.

Später wurden vom Rennweg bis Laxenburg auch Passagierschiffe eingesetzt. Allerdings war der Betrieb relativ erfolglos, da den Wienern die bald sogenannte „Wasserschneckenfahrt" zu langsam war. Überhaupt war der Kanal für die Wiener eine ständige Quelle des Spotts, da er so seicht und schmal war, dass die Schiffe immer wieder in Schwierigkeiten gerieten. Als Kaiser Franz bei einer Gesellschaft dem Fürsten de Ligne erzählte, dass ein Mann im Kanal ertrunken sei, meinte der Fürst lächelnd: „Das war aber ein Schmeichler, Majestät." Die Pappelalleen ent- lang des Wasserwegs luden allerdings nach einigen Jahren zu ausgedehnten Wanderungen ein. Beethoven etwa wurde 1822 – offensichtlich nach einem Sturz in den Kanal – mit durchnässten und schmutzigen Kleidern wegen Vagabundage festgenommen. Dieser Bericht von 1822 stammt von Blasius Höfl, Kupferstecher und Professor an der Militärakademie.

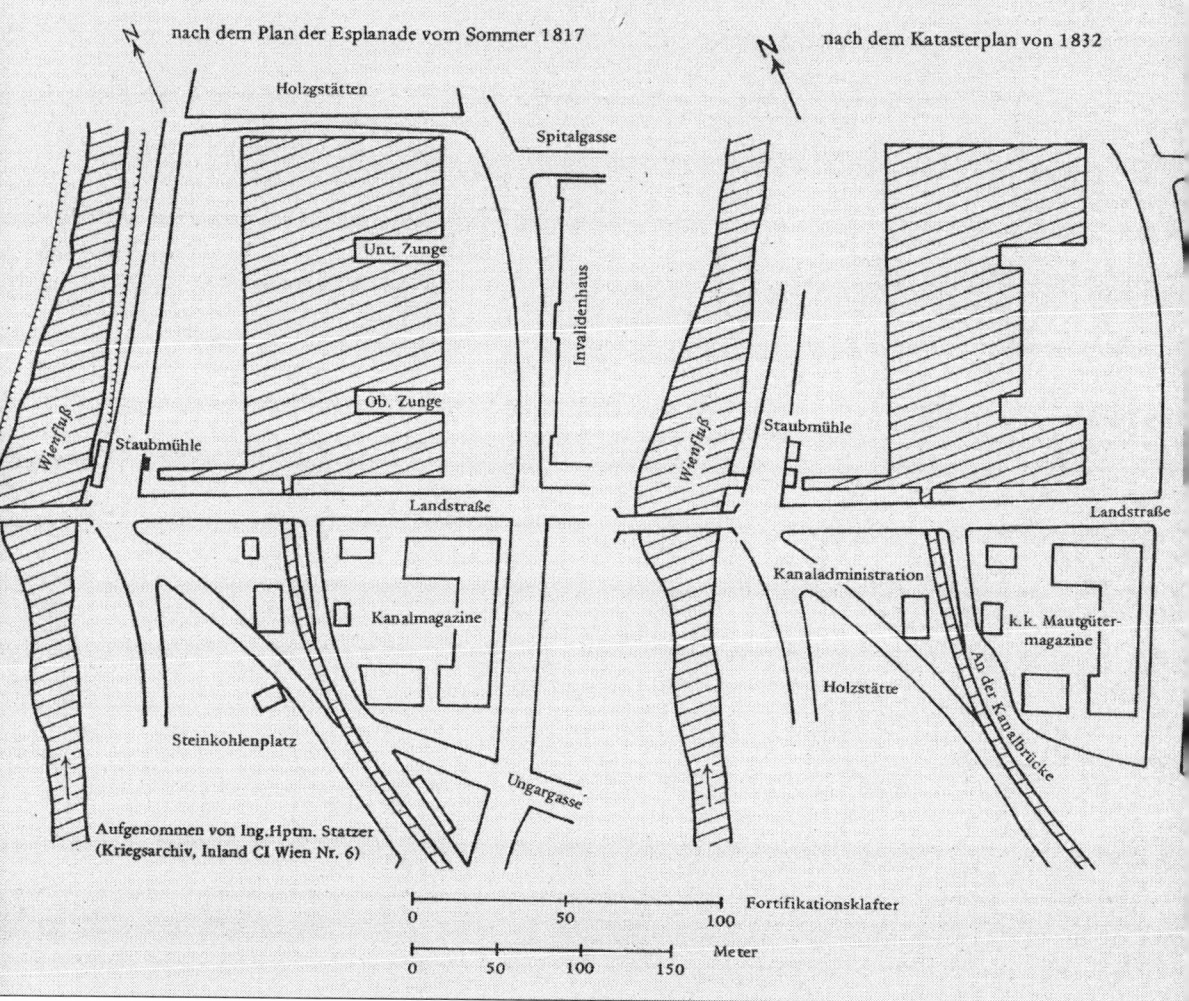

DER WIENER KANALHAFEN

nach dem Plan der Esplanade vom Sommer 1817

nach dem Katasterplan von 1832

Holzgstätten

Spitalgasse

Unt. Zunge

Invalidenhaus

Ob. Zunge

Wienfluß

Staubmühle

Landstraße

Kanalmagazine

Steinkohlenplatz

Ungargasse

Aufgenommen von Ing. Hptm. Statzer
(Kriegsarchiv, Inland CI Wien Nr. 6)

Wienfluß

Staubmühle

Landstraße

Kanaladministration

k.k. Mautgüter-
magazine

An der Kanalbrücke

Holzstätte

Fortifikationsklafter

0   50   100

Meter

0   50   100   150

Dieser Plan zeigt zwei Ausführungen des ersten Wiener Kanalhafens aus den Jahren 1817 und 1832.

Die Schleuse bei der späteren tierärztlichen Hochschule, die links zu sehen ist. Das Aquarell zeigt auch interessierte Zuschauer, die die Arbeit an der Schleuse beobachten. Pferdeknecht und Pferd warten auf das Absenken des Kahns, der von den Schleusentoren verdeckt ist. Durch Öffnen der sogenannten Schützen in den Schleusentoren fließt das Wasser in der Kammer ab und der Kahn wird auf das untere Wasserniveau abgesenkt. Der Hirte mit seinen Ziegen ist dieses Schauspiel gewöhnt.

Im Bereich der St.-Marxer-Linie ist das versperrbare Tor für den Wiener Neustädter Kanal an der äußeren Verteidigungslinie Wiens, dem Linienwall, zu erkennen. Rechts sieht man die Treppelwege für die Pferde. Über kurze Strecken wurde ein Kahn auch mit menschlicher Kraft fortbewegt. Für Wäscherinnen, die man links bei der Arbeit sieht, war der Kanal sehr wichtig.

Die Kopie eines Aquarells von Adolf Albin Blamauer (1847-1923), der hier St. Marx mit dem Wiener Neustädter Kanal gemalt hat. Wieder ist das Tor am Kanal zu sehen, ebenso die Straße, die ein großes, hier verschlossenes Tor aufweist.

Der Kanal im Bereich der Ungargasse vor dem Palais Harrach. Das Palais ließ der Diplomat Aloys Thomas Raimund Graf Harrach zwischen 1727 und 1735 von Johann Lucas von Hildebrandt errichten. Es umfasste zwei Ehrenhöfe und die Januariuskapelle, die als einziges Gebäudeteil den Zweiten Weltkrieg überstanden hat.

Am Wiener Neustädter Kanal im Bereich der Beatrixgasse mit Blick gegen den Rennweg. Links erkennt man die alte Tierarzneischule.

Der Wiener Neustädter Kanal diente 1927 an manchen Stellen vor allem den Kindern nur mehr dem Freizeitvergnügen.

Der Wiener Neustädter Kanal in Simmering bei der Rautenstrauchgasse im Bereich der Station Simmering der Aspangbahn, festgehalten um 1900.

Der Wiener Neustädter Kanal vor der alten tierärztlichen Hochschule.

Eislaufen am alten Kanalhafen gehörte zu den beliebten Vergnügungen der Wiener im Winter.

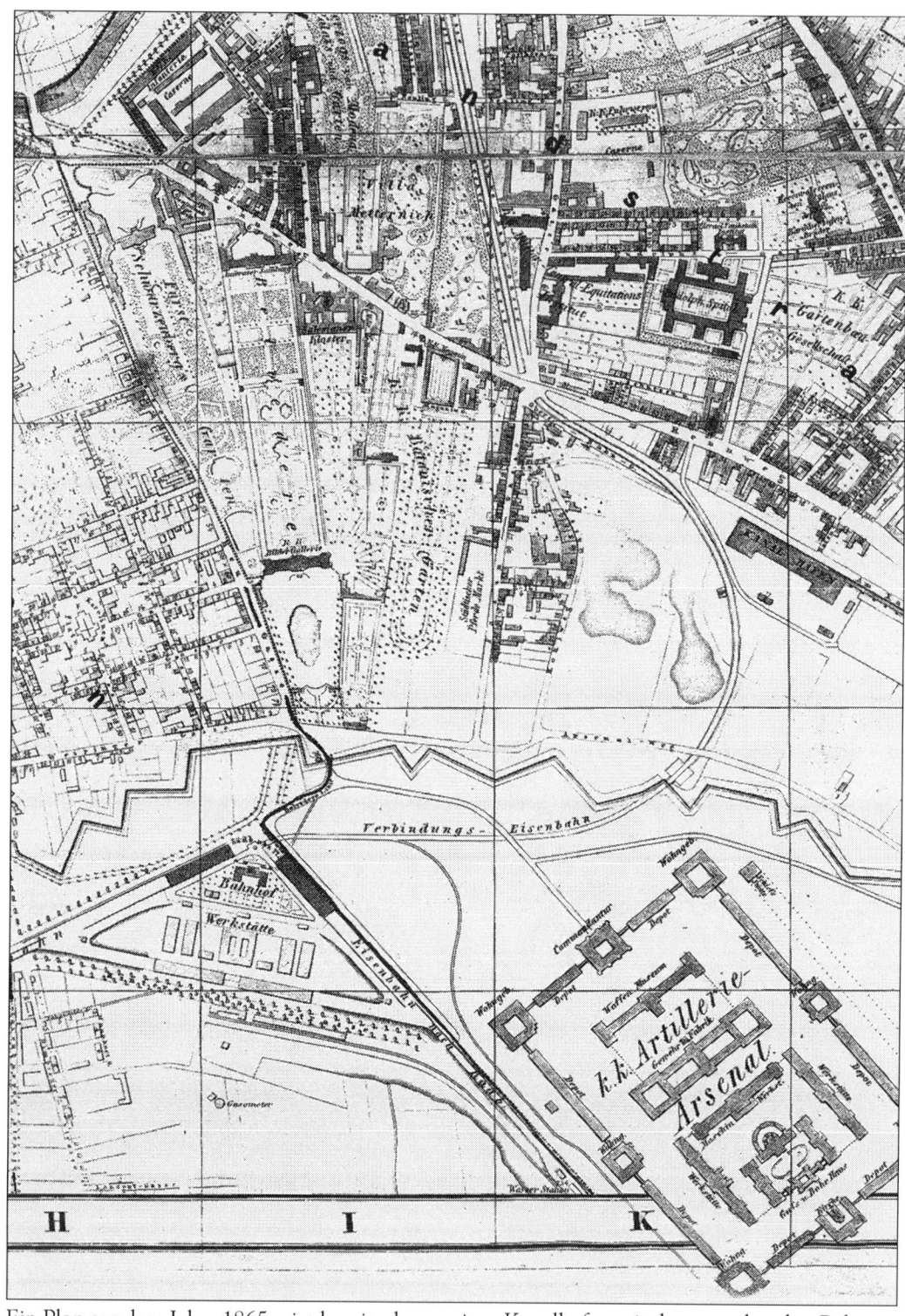

Ein Plan aus dem Jahre 1865 zeigt bereits den zweiten Kanalhafen mit den umgebenden Bahnen, der Verbindungsbahn, der Südbahn und der Raaber Bahn.

3

Planung und Bau
der Bahn und des Bahnhofs

Am Anfang des 19. Jahrhunderts brach das Eisenbahnzeitalter an. Dieses Verkehrsmittel hatte bereits auf der ganzen Welt seinen Siegeszug angetreten und erwies sich als das günstigste. Und so bemühte sich die Erste österreichische Schiffahrts-Canal-Actiengesellschaft, die den Wiener Neustädter Kanal betrieb, 1872 um eine Bahnkonzession, die sie auch noch im selben Jahr erhielt. Man hatte ja bereits festgestellt, dass im Bereich des Semmerings und des Mürz- und Murtals „eiserne Schienen" günstiger als ein Kanal bis nach Triest wären. Zu dieser Zeit war durch politische Umstände das Interesse der österreichisch-ungarischen Monarchie auf die Verhältnisse am Balkan konzentriert. Vor allem standen die wirtschaftlichen Interessen der Monarchie im Mittelpunkt, da eine Bahnverbindung Saloniki–Mitrovica gebaut wurde, die zur Gänze auf türkischem Territorium lag. Diese Bahn stellte auch eine weitere Verbindung mit dem nahen Osten, bis nach Bagdad, dar.

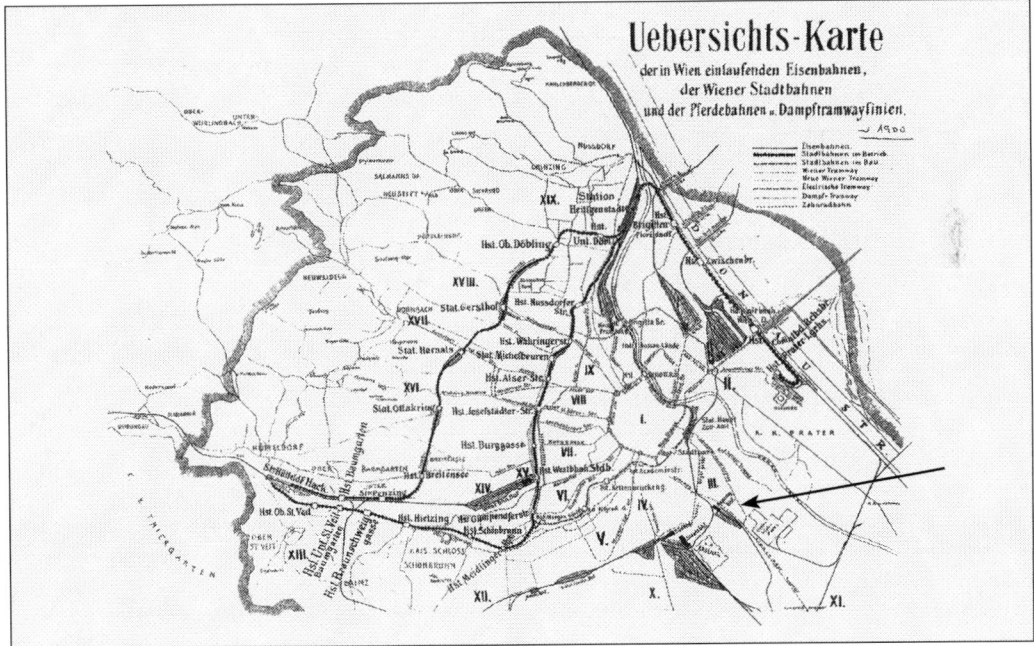

In der Übersichtskarte der Wiener Schienenwege um 1900 ist der Aspangbahnhof rechts unten neben dem Südbahnhof an der Stelle des Kanalhafens zu erkennen.

DAS BAHNPROJEKT WIEN–NOVI–SALONIKI 1873

Grenzen von 1881

Es war angesichts der Bahnverbindung Saloniki–Mitrovica durchaus im Interesse der Regierung, eine direkte Verbindung von Wien nach Mitrovica und damit nach Saloniki zu schaffen. Am 27. Juni 1874 erhielt die Kanal-AG die Bewilligung, Vorarbeiten für die Bahnverbindung Wien–Aspang–Friedberg–Radkersdorf–kroatische Grenze in Angriff zu nehmen. Offiziell sollte die Bahn bis Saloniki geführt werden.

28

Da die Bahn in Richtung Aspang letztendlich eine Verbindung bis Saloniki herstellen sollte, bestellte die Gesellschaft Trassierungsgrenzsteine mit den Initialen W.S.B. (Wien-Saloniki-Bahn). Das türkische Reich begann damals schon jenseits der Save, daher beschloss der Reichsrat, eine Bahnlinie bis zur türkischen Grenze zu bauen. Damals lag bereits eine Denkschrift der Schiffahrts-Canal-Actiengesellschaft vor, die eine Strecke bis nach Novi an die türkische Grenze vorschlug. Besonders interessant wurde das Projekt, als sechs Jahre später Bosnien von Österreich okkupiert wurde und ein besonderes Interesse an einer guten Bahnverbindung dorthin bestand. Allerdings erhob Ungarn massiven Protest gegen dieses Projekt, da diese österreichische Privatbahn zum Teil über ungarisches Gebiet führte. Zudem kam es 1873 zum ersten großen Bankenzusammenbruch in der österreichischen Geschichte. Die Société Belge des chemins de fer, die die Finanzierung des Bahnbaus übernommen hatte, schränkte das Projekt nun ein und es wurde zunächst nur die Strecke Wien–Pitten–Aspang geplant.

Mittlerweile hatte die Südbahn-Gesellschaft Beschwerde gegen den geplanten Bau der ebenfalls nach Süden führenden neuen Bahn eingereicht. Die Konkurrenz schien zu groß. Der Verwaltungsgerichtshof wies die Beschwerde ab, und die Konzession für Bau und Betrieb wurde am 28. November 1877 erteilt. Die Schiffahrtskanal-AG wurde am 23. August 1878 in die Austro-Belgische Eisenbahngesellschaft umgewandelt und diese gründete am 17. Jänner 1880 die k.k. private Eisenbahn Wien-Aspang (EWA) als Tochtergesellschaft für den Bahnbau.

Nach den Entwürfen des Professors der Technischen Militärakademie, Franz Gruber, wurde von 1880 bis 1881 das Hafengelände des Wiener Neustädter Kanals am Rennweg verbaut und der hier noch neue Aspangbahnhof mit dem Aufnahmegebäude errichtet. Ab Juli 1879 wurde die Schifffahrt eingestellt und das Wasser abgelassen.

Das Aufnahmegebäude – hier knapp vor dem Abriss – wurde 97 Meter lang. Rechts schloss sich die Halle für die ankommenden und abreisenden Passagiere an, links befand sich ein sehr modernes Postamt mit Rohrpost und Telegrafenamt. Ursprünglich sollte der Bahnhof unter dem Straßenniveau liegen, doch für den Hauptbahnhof für die Strecke Wien–Saloniki errichtete man doch ein größeres und höheres Gebäude.

Der Perron, hier im Jahre 1956 mit der Dampflokomotive der Reihe 75.712 der Aspangbahn und den üblichen Personenwaggons, war 160 Meter lang und 6,5 Meter breit. Er nahm einen Teil des 400 Meter langen, auf Seite 32 unten dargestellten, gewölbten Durchlasses des Wiener Neustädter Kanals auf, der hier unterirdisch bis zur Bahngasse lief.

Der Aspangbahnhof 1957 mit der Lokomotive 657.2701 der ehemaligen preußischen G 10 (DRB 57.10), die nicht nur während des Zweiten Weltkriegs, sondern noch viele Jahre danach diese Strecke befuhr.

Der Perron knapp vor dem Abriss des Bahnhofs. Dieser lag auf 179 Meter Seehöhe, hier hatte die Direktion ihren Sitz und es gab ein Heizhaus. Am 28. Oktober 1881 wurde bei Kilometer -0,27 ein Verbindungsgleis der EWA zur Wiener Verbindungsbahn eröffnet, da der Bahnhof nicht als Kopfbahnhof geplant war. Das Bahnhofsareal war etwa acht Hektar groß und hatte 7,7 Kilometer Gleise mit 45 Weichen.

Die Zuleitung zum ehemaligen Wiener Neustädter Kanal unter dem Perron. Chefingenieur Niers hatte mit seinem Team mittlerweile die Bahntrasse bis Aspang ausgearbeitet und bis zum 2. Juni 1880 waren alle notwendigen Schritte für die Genehmigung des Baus abgeschlossen.

Ein Blick vom ehemaligen Kleiststeg zur Aspangstraße, aufgenommen in den 1920er-Jahren.

Ein Blick zum Aspangbahnhof. Rechts im Hintergrund sind die Verladerampe und Schuppen zu erkennen.

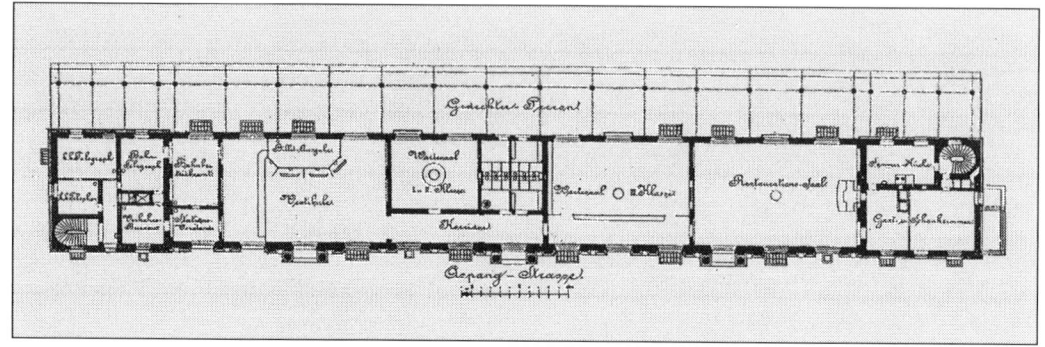

Der Bauplan des Aufnahmegebäudes. Links lagen die Telegrafenanlagen und der Dienstraum des Bahnhofsvorstandes, daneben die Halle mit der Billettabgabe. In der Mitte gab es den kleinen Wartesaal für die 1. und 2. Klasse, daneben die Toiletteanlagen und den größeren Wartesaal für die 3. Klasse. Darauf folgte der Restaurationsbetrieb mit einem großen Restaurationssaal, der Küche und einem weiteren kleineren Gastraum.

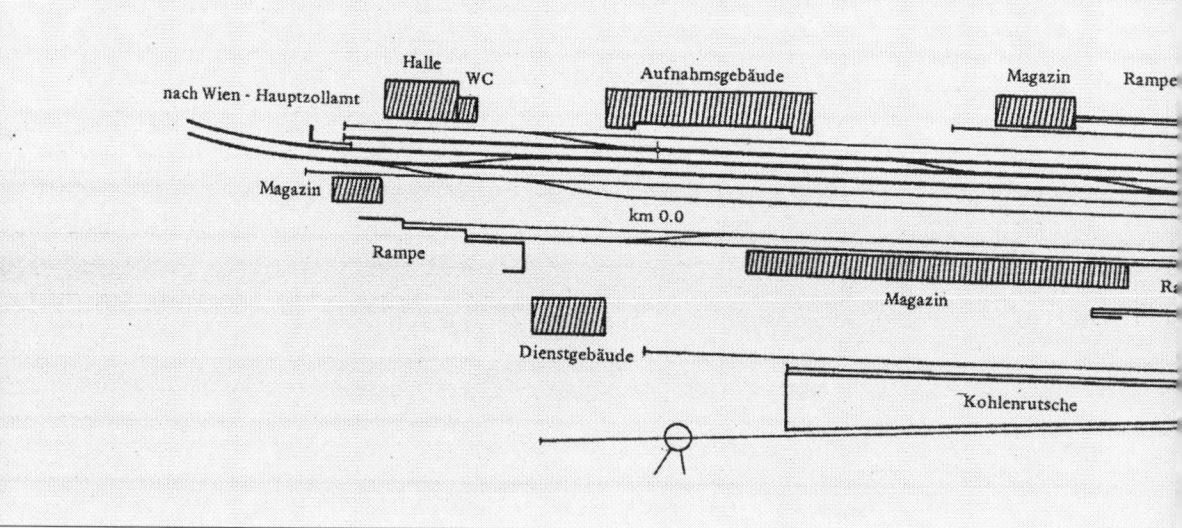

Der Gleisplan von 1910.

Infanterie Kaserne
Aspang Strasse
Bahnhof der K.K. pr. Wien-Aspanger Eisenbahn
Güter Schuppen
Viehhof
Aufnahms Geb.
Arsenal Weg
Marx-Meidlinger Strasse

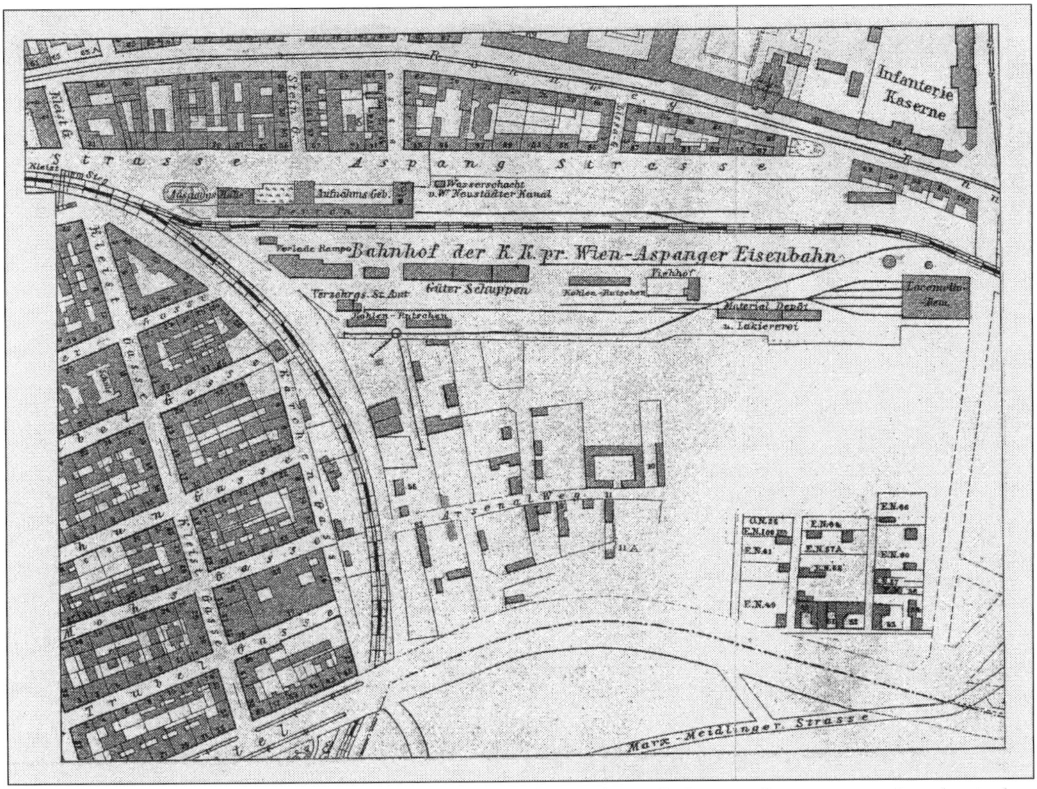

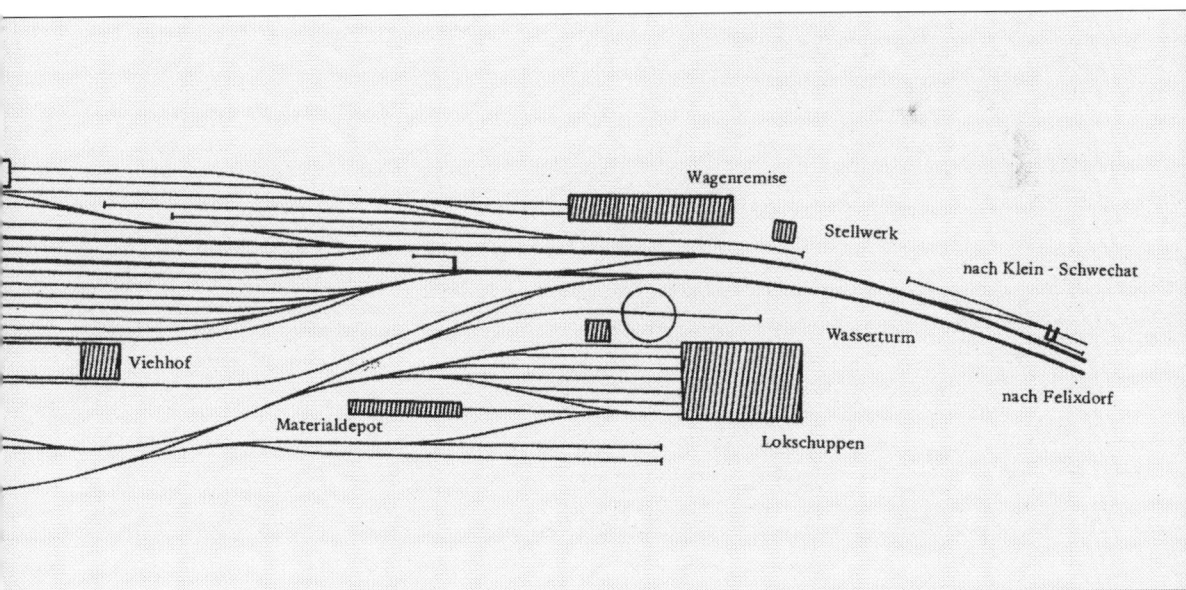

Der Grundriss des Wiener Aspangbahnhofes aus dem Jahre 1913 zeigt das gesamte Areal mit den nötigen Anlagen sowie den Anschluss an die Verbindungsbahn.

Wagenremise
Stellwerk
nach Klein - Schwechat
Wasserturm
Viehhof
nach Felixdorf
Materialdepot
Lokschuppen

Der Aspangbahnhof im Jahre 1956. Der Personenzug wird von einer 1C1-Nassdampf-Zweizylinder-Tenderlokomotive 75.730 angeführt. Der erste Waggon hinter der Lokomotive ist ein BDi, ein kombinierter Sitz- und Dienstwagen. Diese wurden in Österreich häufig zur Einsparung eines eigenen Dienstwagens verwendet.

Die Ausfahrt der 1C1-Nassdampf-Zweizylinder-Tenderlokomotive 75.712 aus dem Bahnhofsbereich. Deutlich sind die Holzgitter (links, rechts und in der Mitte) zu sehen, mit denen der Bahnhof über Nacht, wenn kein Betrieb zu erwarten war, geschlossen werden konnte.

Finanzbeamte hatten sich noch bis zum Beginn des 20. Jahrhunderts um die Verzehrsteuer zu kümmern. Alle Waren, die zwecks Essen und Trinken nach Wien eingeführt wurden, mussten verzollt werden. Daher wurden die dafür zuständigen Beamten auch „Krautwachter" genannt. Zweiter von links ist Finanzoberaufseher Johann Klodner, er und seine Kollegen stellten sich 1910 dem Fotografen.

Johann Klodner mit dem damaligen Bahnhofsvorstand im Jahre 1915.

So präsentierte sich der Aspangbahnhof im Jahre 1960.

Blick vom Perron des Aspangbahnhofes am 15. Juli 1957. Man sieht die Lokomotive 92.2238 mit den typischen Personenwaggons der Wiener Stadtbahn in der Zeit des Dampfbetriebs.

Bahnübergänge waren früher noch nicht so gut gesichert wie heute, wie der Übergang knapp vor der Einfahrt in den Aspangbahnhof im Bereiche der Einmündung in die Verbindungsbahn im Jahre 1956 zeigt. Im Hintergrund erkennt man den Kleiststeg. Der Personenzug mit dem Triebwagen 5041.04 fährt in den Aspangbahnhof ein.

Nach der Einfahrt in den Bahnhof.

Die Lokomotive 92.2258 fährt in den Aspangbahnhof ein. Im Hintergrund ist wieder der Kleist-steg zu sehen.

Die Aspangstraße mit dem Kleiststeg ganz links.

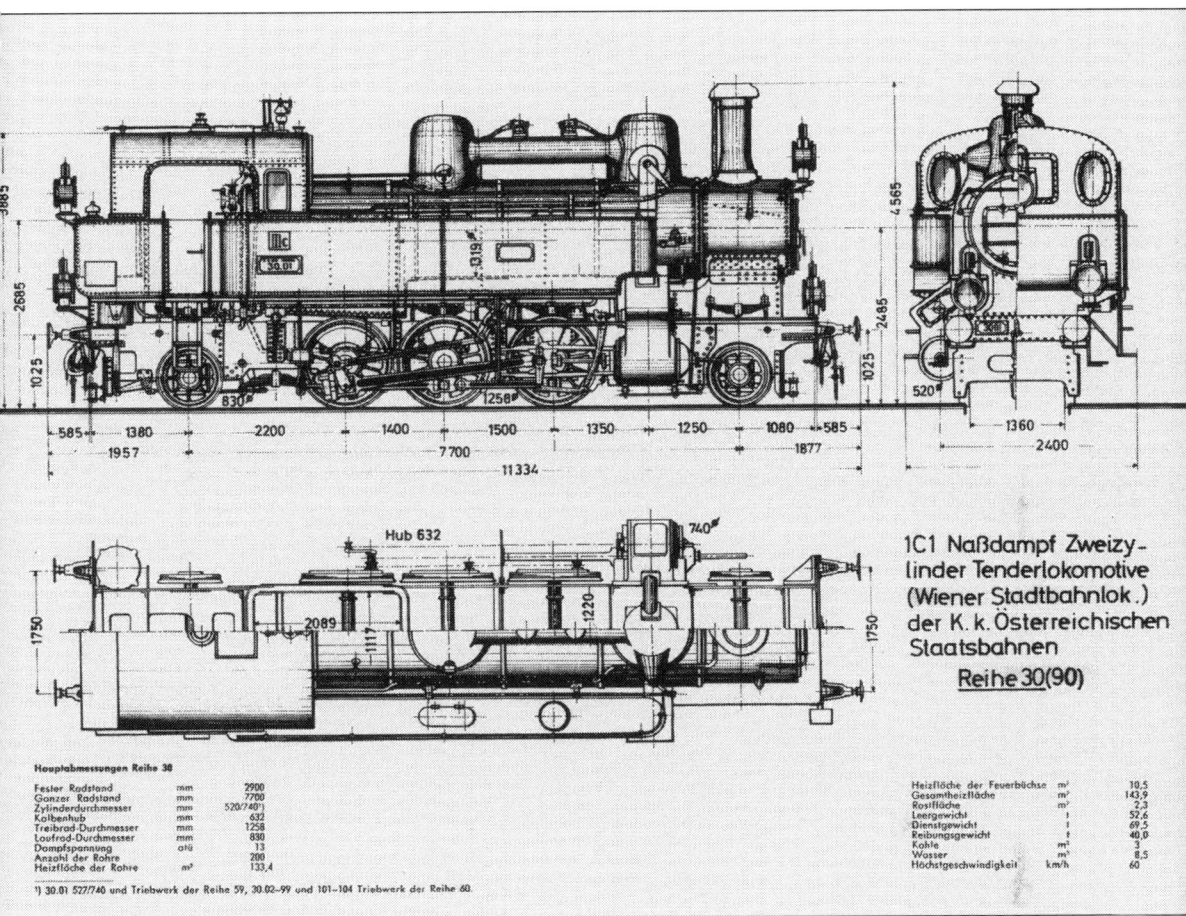

1C1 Naßdampf Zweizylinder Tenderlokomotive (Wiener Stadtbahnlok.) der K. k. Österreichischen Staatsbahnen Reihe 30(90)

Hauptabmessungen Reihe 30

Fester Radstand	mm	2900
Ganzer Radstand	mm	7700
Zylinderdurchmesser	mm	520/740¹)
Kolbenhub	mm	632
Treibrad-Durchmesser	mm	1258
Laufrad-Durchmesser	mm	830
Dampfspannung	atü	13
Anzahl der Rohre		200
Heizfläche der Rohre	m²	133,4

Heizfläche der Feuerbüchse	m²	10,5
Gesamtheizfläche	m²	143,9
Rostfläche	m²	2,3
Leergewicht	t	52,6
Dienstgewicht	t	69,5
Reibungsgewicht	t	40,0
Kohle	m³	3
Wasser	m³	8,5
Höchstgeschwindigkeit	km/h	60

¹) 30.01 527/740 und Triebwerk der Reihe 59, 30.02–99 und 101–104 Triebwerk der Reihe 60.

Eine Konstruktionszeichnung der 1C1-Nassdampf-Zweizylinder Tenderlokomotive der Reihe 30, wie diese für die Wiener Stadtbahn zu Ende des 19. Jahrhunderts von Karl Gölsdorf konstruiert wurde.

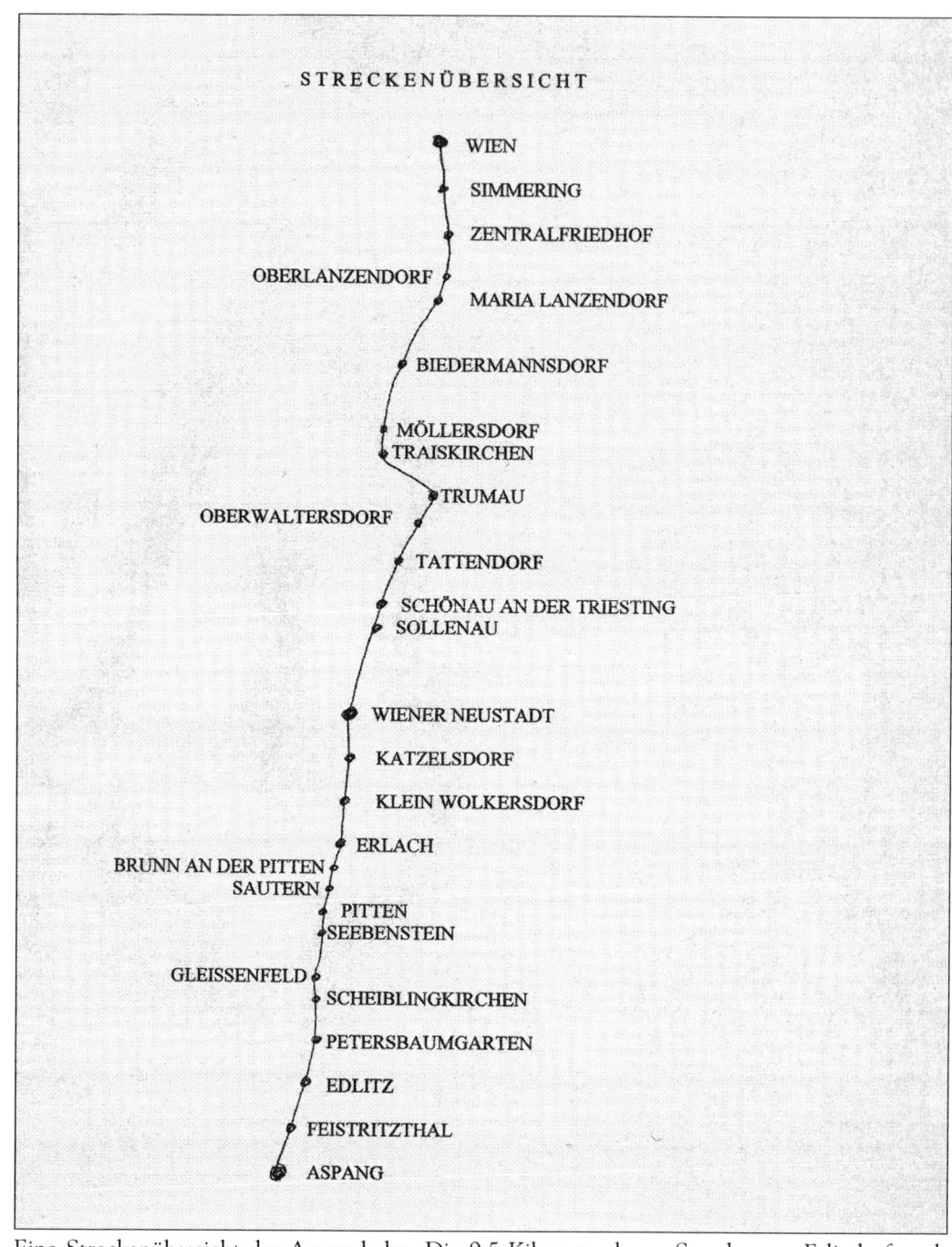

STRECKENÜBERSICHT

WIEN
SIMMERING
ZENTRALFRIEDHOF
OBERLANZENDORF
MARIA LANZENDORF
BIEDERMANNSDORF
MÖLLERSDORF
TRAISKIRCHEN
TRUMAU
OBERWALTERSDORF
TATTENDORF
SCHÖNAU AN DER TRIESTING
SOLLENAU
WIENER NEUSTADT
KATZELSDORF
KLEIN WOLKERSDORF
ERLACH
BRUNN AN DER PITTEN
SAUTERN
PITTEN
SEEBENSTEIN
GLEISSENFELD
SCHEIBLINGKIRCHEN
PETERSBAUMGARTEN
EDLITZ
FEISTRITZTHAL
ASPANG

Eine Streckenübersicht der Aspangbahn. Die 9,5 Kilometer lange Strecke von Felixdorf nach Wiener Neustadt war Eigentum der k.k. priv. Südbahn-Gesellschaft, die nach dem sogenannten Péagevertrag vom 3. Dezember 1880 von der Aspangbahn genutzt werden durfte. Allerdings war die Station Theresienfeld davon ausgenommen, die Züge der Aspangbahn durften hier nur durchfahren, nicht aber am Bahnhof anhalten. Die 34,1 Kilometer lange Strecke von Wiener Neustadt nach Aspang wurde zunächst nach Pitten gebaut und am 7. August 1881 eröffnet, die Verlängerung nach Aspang war dann am 28. Oktober 1881 fertig.

Zunächst wurde die 42,5 Kilometer lange Strecke von Wien-Aspangbahnhof nach Felixdorf gebaut und am 7. August 1881 eröffnet. Der erste Bahnhof, Simmering, nach 1,9 Kilometern in 184 Metern Seehöhe, wurde erst später für die Simmeringer Waggonfabrik errichtet. Denn zur Zeit der Errichtung der Aspangbahn fuhr parallel auf der Simmeringer Hauptstraße noch eine Pferdebahn. Am 10. Mai 1882 wurde eine provisorische Sommerhaltestelle errichtet.

Eine Aufnahme aus dem Jahre 1925 zeigt den Wiener Neustädter Kanal neben der Aspangbahn im Bereich des Bahnhofes Simmering, der ab 23. April 1882 zunächst eine provisorische Sommerhaltestelle war, bei der Geygasse. Hier wurde eine Zugangsbrücke über den Kanal gebaut. Rechts hinten steht ein altes Kesselhaus mit einem hohen Schlot.

Nach Fertigstellung der Stadtbahn, damals das modernste öffentliche Verkehrsmittel in der Großstadt, fuhren nach der Verlängerung der Bahn zum Hauptzollamt täglich drei Aspangbahn-Züge am Morgen von der Station Hauptzollamt ab und drei Züge kamen am Abend zurück in diese Station. Hier fährt ein Zug mit Lok 30 (90) vom Praterstern in das Hauptzollamt ein und weiter zum Aspangbahnhof und Zentralfriedhof. Die Waggons sind von der Wiener Stadtbahn.

Die Haltestelle Zentralfriedhof wurde nach fünf Kilometern in einer Seehöhe von 188 Metern und mit einer Abzweigung nach Klein Schwechat errichtet. Die EWA (Eisenbahngesellschaft Wien–Aspang) war an Leichentransporten zum Zentralfriedhof nicht interessiert, dennoch war eine Abzweigung zum Friedhofsbereich geplant. Auch die Lokomotive 392.2528 der ÖBB – hier in der Zugförderungsleitung Wien-Ost – befuhr immer wieder die Aspangstrecke.

Ein Lastzug mit Lokomotive 92.2232 vor der Mauer des Zentralfriedhofs. Für die EWA wurde der Verkehr zum Zentralfriedhof ein gutes Geschäft. So fuhren etwa am 1. November 1881 insgesamt 32 separate Personenzüge zwischen Hauptzollamt und Zentralfriedhof. Zwischen Wien und dem Friedhof durften die Züge damals nicht mehr als 25 km/h, in der Nacht nicht mehr als 22 km/h fahren. 1882 wurde die Höchstgeschwindigkeit auf 55 km/h hinaufgesetzt.

Zahlreiche Verkehrsunternehmungen versuchten in den 1870er-Jahren, Zufahrten zum neuen Großfriedhof aufzubauen Die Elisabeth-Bahn führte täglich acht Züge vom Westbahnhof direkt zur EWA-Station Zentralfriedhof. Sogar der Orientexpress – hier eine Aufnahme des Fernzuges aus dem Jahre 1905 mit der Lok der kkStB, Reihe 206, am Rekawinkler Berg – bekam einen direkten Anschluss zum Zentralfriedhof.

Von 1942 bis 1945 wurden kriegsbedingt auch solche Leichentransportwaggons für den Transport von Verstorbenen zum Zentralfriedhof auf der Aspangstrecke eingesetzt. Die Südbahn führte um Allerheiligen 1881 täglich zehn Züge vom Hauptzollamt zum Zentralfriedhof. Dabei wurden am Wiener Bahnhof die Lokomotiven gewechselt. Der Betrieb zum Zentralfriedhof lief so gut, dass z.B. am 1. November 1902 112 EWA-Züge insgesamt 37.000 Personen beförderten.

Als die Straßenbahn elektrifiziert und nach Schwechat ausgebaut wurde, musste die EWA ihren Betrieb zum Zentralfriedhof mangels Passagieren gänzlich einstellen. Zu Allerheiligen 1936 war dann wieder die EWA kostengünstiger als die Straßenbahn und die Züge fuhren alle 20 bis 30 Minuten. Die wechselnden Vorteile entstanden vor allem durch den rasanten Ausbau vieler Bahnstrecken rund um Wien. Das Aquarell von Franz Kopallik zeigt den Franz-Josefs-Bahnhof Mitte des 19. Jahrhunderts.

Nur 50 Jahre dauerte es von den ersten Bahnen, bei denen noch Reiter als Warnung vor den Dampfmaschinen vorausgeschickt wurden, bis zu den modernen Schienenwegen. Die Lokomotive „Steinbrück", links oben, Baujahr 1848, befuhr in den Anfängen gelegentlich die Aspangbahnstrecke. Die Lokomotive oben rechts, Baujahr 1837, wurde „Austria" genannt, oben in der Mitte sieht man einen Personenzug um 1840 und unten die erste Ausfahrt der Nordbahn 1837.

Nach 11,4 Kilometern war der Bahnhof Maria-Lanzendorf in einer Seehöhe von 183 Metern erreicht, hier eine Aufnahme aus dem Ersten Weltkrieg. Der Bahnhof hatte mehrere Anschlussgleise und war vor allem wegen der nahen Ziegelwerke als Frachtbahnhof bis nach dem Ersten Weltkrieg überaus wichtig.

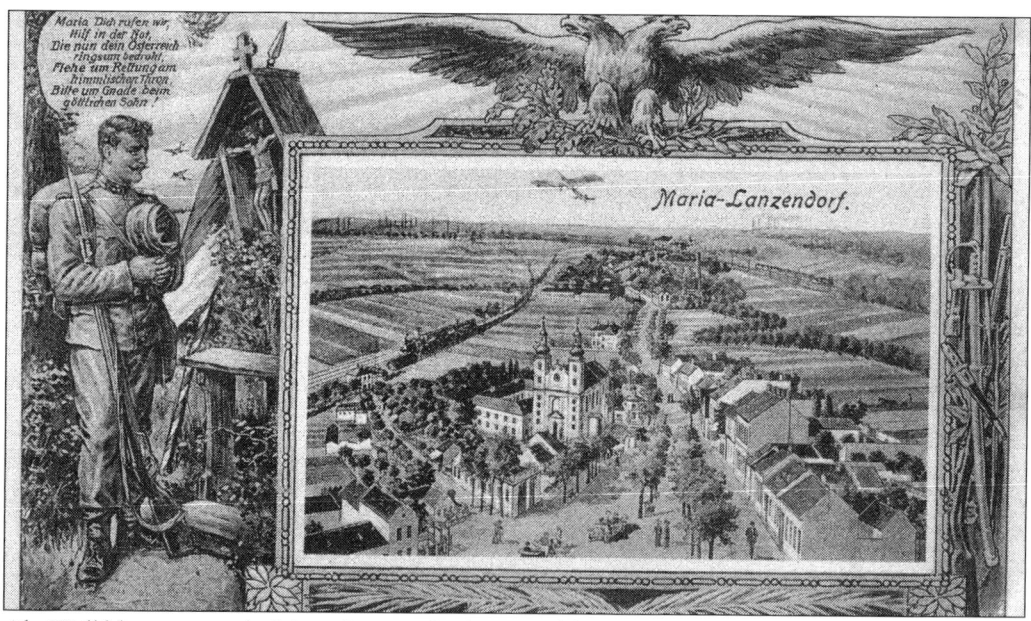

Als Wallfahrtsort wurde Maria-Lanzendorf von Soldaten im Ersten Weltkrieg gerne besucht. Zwischen den Stationen Zentralfriedhof und Maria-Lanzendorf übersetzte ein gemauerter Bogen die Klederinger Straße. Dieser wurde im Zuge der Kampfhandlungen des Zweiten Weltkriegs im April 1945 gesprengt und später durch ein Provisorium ersetzt, das bis zur endgültigen Außerdienststellung der Strecke im Mai 1979 bestehen blieb.

Während des Ersten Weltkrieges trafen sich im Juli 1917 das deutsche Kaiserpaar Wilhelm II. und Auguste Viktoria mit dem österreichischen Kaiserpaar in Laxenburg. Die Aufnahme zeigt Kaiserin Zita und Kaiserin Auguste Viktoria bei ihrer Ankunft auf dem im Jahre 1847 eigens für die kaiserliche Familie errichteten Kaiserbahnhof Laxenburg. Der kleine Kopfbahnhof der Laxenburgerbahn, einer Flügelbahn von Mödling nach Laxenburg, der die Aspangbahn kreuzte, fungierte bis zum Ende der Monarchie 1918 in erster Linie als Bahnhof für kaiserliche Sonderzüge. Nach der Einstellung der Laxenburger Bahn im Jahre 1932 wurde die 1881 errichtete Station Biedermannsdorf der Aspangbahn in Laxenburg-Biedermannsdorf unbenannt.

Traiskirchen, N.-Oe., Gesamtansicht

Die Haltestelle Möllersdorf nach 23,4 Kilometern wurde bereits 1937 wegen Unrentabilität aufgelassen. Der Bahnhof Traiskirchen der EWA war ursprünglich ein Anschlussbahnhof zu den Wiener Lokalbahnen. Unmittelbar nach dem Bahnhof mussten 1962 im Zuge des Baus der Südautobahn die Trasse neu verlegt und eine Brücke gebaut werden. Das Bild stammt aus dem Jahre 1920. Im Hintergrund sieht man die alte Bahntrasse.

Wöllersdorf II.

In der Nähe der Aspang- wie auch der Südbahn lag das Anhaltelager Wöllersdorf, das zwischen dem Ersten und Zweiten Weltkrieg von der österreichischen Regierung angelegt wurde, um politische Gefangene, vor allem Kommunisten und Sozialisten, dort unterzubringen. Ob mit der Aspangbahn Gefangenentransporte durchgeführt wurden, ist nicht bekannt.

Nach weiteren vier Kilometern wurde der Bahnhof Trumau angelegt. Noch einmal zwei Kilometer weiter kam der Bahnhof Oberwaltersdorf. Bei Kilometer 33,4 lag der Bahnhof Tattendorf in einer Seehöhe von 236 Metern. Er wurde ab 1915 als Anschlussbahnhof zu den k.u.k. Militärbahnen auf dem Steinfeld genützt, hatte ein Heizhaus mit zwei Ständen und einen Wasserturm.

Das Militär war sehr interessiert am Ausbau der Bahnstrecke, die in Wien die vielen Bahnhöfe untereinander verbindet – der sogenannten Verbindungsbahn. Unmittelbar neben dem Aspangbahnhof lag die wichtige Station Arsenal. Die Verbindungsbahn wurde und wird auch heute noch als wichtige Strecke für den zivilen Verkehr genutzt.

Ein Zug der Aspangbahn auf der Verbindungsbahnbrücke über den Donaukanal. Nach 41,3 Kilometern wurde auf 264 Metern Seehöhe der Bahnhof Sollenau errichtet, der auch ein Anschlussbahnhof zur Lokalbahn Wittmannsdorf–Ebenfurth war. 1898 kam ein Heizhaus hinzu und ab 1899 bot der Bahnhof Anschluss an die k.u.k Militärbahnen auf dem Steinfeld. Ab 1900 erreichte man von hier auch die Strecke zur Feuerwerksanstalt der Schneebergbahn.

Eine Lokomotive der Südbahn auf der gemeinsamen (Péage-)Strecke mit der Südbahn, die bei 42,6 Kilometern am Nordkopf des Bahnhofes Felixdorf begann, wobei der Bahnhof der Südbahn gehörte, aber von der EWA benützt wurde. Die Strecke von Felixdorf nach Wiener Neustadt beträgt 9,5 Kilometer, in deren Verlauf auch der Bahnhof Theresienfeld liegt, der aber vom Péagevertrag ausgenommen war und daher von der EWA nicht genutzt werden konnte.

Wiener Neustadt im Jahre 1899. Bedeutung erlangte die Stadt als Verkehrsknotenpunkt, als Industriezentrum und durch die österreichische Militärakademie. Sie liegt in 268 Metern Seehöhe und der Bahnhof ist nach wie vor ein zentraler Anlaufpunkt der Südbahn. Neben der Weiterführung der Strecke nach Aspang wurde hier am 15. April 1897 die Strecke nach Puchberg am Schneeberg eröffnet.

Wiener Neustadt wurde im Zweiten Weltkrieg durch die Flugzeugwerke als kriegswichtig eingestuft und deswegen auch bis auf drei Häuser völlig zerstört. Hier wurde immer schon der gesamte Dienstablauf für die Eisenbahn Wien–Aspang mitgestaltet. Die EWA hatte auch das Benützungsrecht für das Heizhaus, wo die Maschinen gewartet und abgestellt werden konnten.

Der erste Bahnhof Richtung Aspang hinter Wiener Neustadt, bei Kilometer 7,4, war Klein Wolkersdorf. Nach 10,6 Kilometern wurde der Bahnhof Erlach in 312 Metern Seehöhe erreicht. Brunn bei Pitten auf 320 Metern Seehöhe folgte nach 13,8 Kilometern. Dieser Bahnhof ist und war wichtig durch das Anschlussgleis zur Pittener Papierfabrik. Dank des guten Klimas hatte sich in all diesen Orten ein Kurbetrieb etabliert.

Der Sommerfrischeort Pitten in 325 Metern Seehöhe mit dem Bahnhofsgebäude und einem Wasserturm.

Am Bahnhof Pitten stehen drei Lastwaggons der EWA. Der Wasserturm ist auf dem Bild von 1908 deutlich zu erkennen.

Die nächste Station, Sautern-Schiltern, war zwar nur eine Haltestelle, aber durch ein Anschlussgleis zur Papierfabrik Hamburger wichtig. Für diese Fabrik war sogar ein Güterschuppen etabliert. Der nächste Bahnhof war Seebenstein, hier mit dem Bahnhof zu sehen.

Seebenstein lag auf 348 Metern Seehöhe.

Die Haltestelle Gleißenfeld liegt auf 360 Metern Seehöhe und ist 20,1 Kilometer von Wiener Neustadt entfernt. Im Vordergrund steht ein typischer Personenzug der Aspangbahn.

Der Bahnhof Scheiblingkirchen-Warth ist nach 22 Kilometern erreicht und liegt auf 378 Metern Höhe. Scheiblingkirchen-Warth war ein wichtiger Sommerfrischeort für die Wiener.

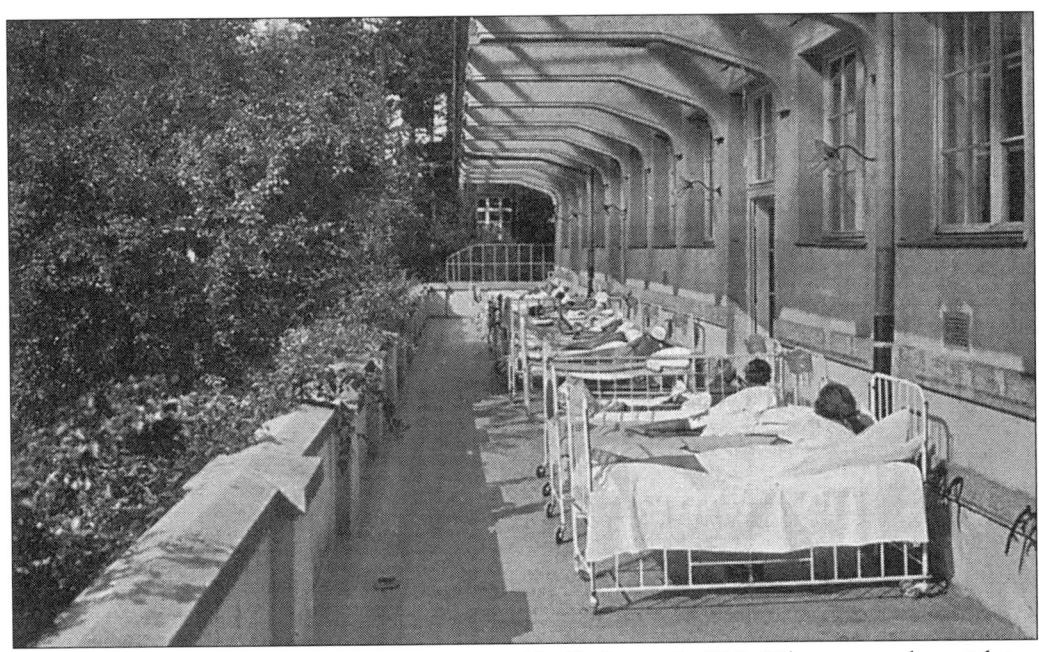

Nach der Haltestelle Petersbaumgarten ist schließlich, nach 27,2 Kilometern, der wichtige Kurort Edlitz-Grimmenstein in 405 Metern Seehöhe erreicht. Die Heilanstalt Grimmenstein der Angestelltenversicherung war für die gute Betreuung berühmt und konnte hinsichtlich der Behandlungsergebnisse durchaus mit den großen Sanatorien in der Schweiz mithalten.

Nach der Haltestelle Feistritz-Kirchberg wurde bei Kilometer 34,1 der Bahnhof Aspang als ursprüngliche Endstation der EWA erreicht. Hier wurden auch eine Seitenrampe und ein Heizhaus errichtet. Ab dem 12. Oktober 1910 bildete Aspang eine Gemeinschaftsstation mit der Lokalbahn Fürstenfeld–Hartberg im Betrieb der k.k. Staatsbahn. Die EWA besorgte auch für diese Bahn den Dienst. Den Bahnhof sieht man rechts unten.

Das „Hotel Bahnhof" in Aspang, aufgenommen im Jahre 1934.

Aus finanziellen Gründen endete der Bau der Wien-Saloniki-Bahn bereits nach nicht einmal 100 Kilometern in Aspang und wurde dadurch zur Aspangbahn, die dann mit den bereits beste-henden Linien verbunden wurde. Dieses Schicksal, nur zum Teil vollendet zu werden, teilt die Bahn mit vielen berühmten Bauwerken in Österreich, etwa dem Stephansdom oder dem Stift Klosterneuburg.

Die unvollendete Wien-Saloniki-Bahn ist auch ein Symbol für die 1.000 Jahre regierenden Habsburger, die so manches Geplante nicht vollenden konnten und deren Untertanen oft eine zu große Leichtfertigkeit nachgesagt wurde: „Mit halber Kraft, auf halben Wegen, mit halben Mitteln zauderhaft zu streben", dichtete Grillparzer. Die Postkarte oben wurde 1948 und die unten 1965 verschickt.

Diese Karte wurde im Jahre 1974 als Weihnachtsgruß verschickt.

Eine Ansichtskarte aus dem Jahre 1928.

Hinter Aspang verlässt die Bahn die Ebene und fährt auf der Wechselbahn weiter, die die Aspangbahn mit der Thermalbahn und der Pinkatalbahn Friedberg–Oberwart verbindet. Den Übergang bemerkt der Reisende vor allem an den vielen Viadukten und Tunnels. Hier der 200 Meter lange Murtalbach-Viadukt mit dem Samberg-Tunnel kurz hinter Aspang.

Der Murtalbach-Viadukt mit Eilzug 751 und einem Triebfahrzeug der Reihe 52, aufgenommen im Jahre 1965.

Ungerbach-Viadukt in Aspang, N.-Oest.

Der Ungerbach-Viadukt. Die Strecke hat hier durchschnittlich 40 Prozent Steigung, schwere Züge brauchen hier einen Vorspann- oder Nachschiebetriebwagen. Zwischen dem Ungerbach-Viadukt I und dem Ungerbach-Viadukt II liegt der Windhof-Kehrtunnel.

4

Die Schneebergbahn

Am 1. Jänner 1899 übernahm die EWA den Betrieb der Schneebergbahn, nachdem sie zuvor bereits die Aktienmehrheit an der Bahn übernommen hatte. An sich war Wiener Neustadt der Ausgangspunkt dieser Bahnstrecke. Da aber der Bahnhof Sollenau bereits ausgebaut war, konnte eine direkte Strecke Wien–Puchberg am Schneeberg errichtet werden, die über Sollenau, Steinabrückl und Feuerwerksanstalt führte. Über eine Verbindungskurve war dann auch Bad Fischau-Brunn zu erreichen.

Puchberg am Schneeberg war nicht nur Kurort sondern auch der Ausgangspunkt für die aufregende steile Fahrt mit der Zahnradbahn auf den Hochschneeberg.

EISENBAHN WIEN-ASPANG
SCHNEEBERGBAHN
WIEN 3. ASPANGSTRASSE 33 / TELEFON U 11-400, U 11-401

Zahnradbahn
auf den
Hochschneeberg

Haltestelle
Baumgartner
1393 m Seehöhe

Sehr geehrte Schuldirektion!
Sehr geehrte Elternvereinsleitung!

DIE Zeit der Schulausflüge ist nicht mehr ferne. In kurzen Worten wollen wir Sie auf die Schönheiten der Gegenden unserer Bahngebiete im Bereiche der Buckligen Welt und des Wechsel, der Hohen Wand und des Schneeberges aufmerksam machen. Diese Landschaften gehören unstreitig zu den schönsten Niederösterreichs. Abseits des großen Fremdenverkehrsstromes gelegen und verhältnismäßig wenig begangen, laden sie so recht zu besinnlichem Wandern ein, bieten sich dem Naturfreund als unverfälschtes Stück Heimaterde von eigenartiger Schönheit dar.

Schon kurz nachdem man Wien verlassen hat, wird die Station Laxenburg-Biedermannsdorf erreicht. Nach kurzer Wanderung auf einer schönen schattigen Straße kommt man in etwa 20 Minuten in den Laxenburger Schloßpark. Die prachtvollen ausgedehnten Parkanlagen, dann der malerisch gelegene Teich mit der Franzensburg, bieten hier sehr viel Sehenswertes für den Besucher. Auch die Besichtigung des Schlosses ist für Schulausflüge sehr zu empfehlen.

Ein Werbeprospekt der Schneebergbahn.

64

Die Bahnlinie führt sodann durch Wiesen und Felder längs des Wiener-Neustädter Kanales dahin. In Sollenau teilt sich der Schienenstrang gegen den Schneeberg und nach Aspang. Die südliche Linie führt jetzt über Wr.-Neustadt hinein in ein herrliches Tal mit vielen historischen Burgen und Schlössern. Die Bucklige Welt breitet sich zu beiden Seiten des Pittentales aus. Als besondere Ausflugsziele liegen hier an der Bahnlinie die Orte Pitten, Seebenstein und Gleißenfeld.

Für diesen Schulausflug kommt der Schnellzug von Wien-Aspangbahnhof, Abfahrt 8 Uhr früh, in Betracht. Ankunft in Seebenstein vor 10 Uhr vormittags. Nach Verlassen des Zuges im Bahnhof Seebenstein kommt man in etwa einstündiger Wanderung bergan durch mächtige Laub- und Nadelwälder zum Schloß Seebenstein. Die Burg wurde im Jahre 1092 vom Grafen Eckbert von Pütten erbaut; ihr Besuch ist wegen der vielen aus dem Mittelalter stammenden Sammlungen und Kunstwerke, dann dem alten Brunnen im zweiten Schloßhofe überaus lehrreich und deshalb ganz besonders zu empfehlen. Überwältigend ist der Fernblick hinüber zum Schneeberg. Dann führt der Weg in etwa einstündiger Wanderung am Waldesrand zur Ruine Türkensturz. Die Rückfahrt nach Wien wird in der Haltestelle Gleißenfeld nach 16 Uhr angetreten. Ankunft in Wien-Aspangbahnhof vor 19 Uhr.

Weiter führt dann die Bahnlinie über Scheiblingkirchen nach Edlitz, welches sehr idyllisch am Berghange liegt. In weiterer Bahnfahrt wird dann in Aspang die Endstation der Aspangbahn erreicht. Der Markt Aspang liegt reizend in einem weiten Talkessel des Wechselgebietes. Zahlreiche Altertümer erzählen von der bis ins tiefste Mittelalter zurückreichenden Vergangenheit dieses Ortes. Für Schulausflugsfahrten wäre der Schnellzug von Wien-Aspangbahnhof, Abfahrt 8 Uhr früh zu benützen. Ankunft in Aspang um 10 Uhr vormittag.

Die Umgebung zeigt überall grüne Wälder, frische Matten und rauschende Bächlein mit Sägewerken. Da in den Aspanger Talkessel zahlreiche Seitentäler einmünden, gibt es auch eine dementsprechend große Zahl überaus schöner, abwechslungsreicher Wanderungen und Schulausflüge. Hier am Fuße des Urgesteinsmassivs des Wechsel mit seinen hohen Tannen und Fichten, dann den weiten Bergweiden und den vielen so idyllisch gelegenen Talmulden, bieten sich dem Bergwanderer ununterbrochen neue Landschaftsbilder von eigenartigem Reiz. Von den vielfältigen Wandermöglichkeiten von Aspang seien nur einige besonders erwähnt. Die Waldpromenade durch die Kleine Klause führt in 2 Stunden nach St. Corona /840 m Seehöhe/, dem beliebten Wallfahrtsort am Osthange des Kampsteins /1450 m/. Die Wanderung durch die Große Klause bis Mariensee dauert etwa 2½ Stunden. Zwischen Aspang und Mönichkirchen, sowie auch St. Corona besteht ein Autobusverkehr mit Anschluß an alle fahrplanmäßigen Züge, wie denn überhaupt zahlreiche Kraftwagenlinien hier die Verbindung zwischen der Aspangbahn und den entlegensten Orten der „Buckligen Welt" und des Wechselgebietes herstellen. Mönichkirchen /980 m Seehöhe/, der höchstgelegene Ort Niederösterreichs, ist als Höhenkurort und Ausgangspunkt für Wechselbesteigungen sehr beliebt. Für mehrtägige Wanderungen ist insbesondere den Mittelschulen eine Tour auf den Hochwechsel /1738 m/ zu empfehlen. Es gibt hier eine Menge von ganz unbeschwerlichen Aufstiegen. Gleich nachdem man Ober-Aspang verlassen hat, kommt man über Felder und Wiesen, dann durch hohe Wälder über den Aspanger Kogel und die Mönichkirchner Schwaig in 4 Stunden Bergwanderung zum Hallerhaus vor der „Steinernen Stiege" /1408 m Seehöhe/. Das Schutzhaus gehört der alpinen Gesellschaft „Die Haller" und wird für Nächtigungen empfohlen. Nächtigungen für Schulausflüge im gemeinsamen Schlafraum /Matratzenlager/ S —.50, in Betten S 2.—. Weiter führt der Weg in 3 Stunden über die „Steinerne Stiege" zum Wetterkogelhaus am Gipfel des

Hochwechsels. Vom Hochwechsel ist ein prachtvoller Fernblick hinüber auf die Rax und den Schneeberg. Der Abstieg führt dann in etwa 4½ Stunden Bergwanderung über die Kranichberger Schwaig nach Kirchberg am Wechsel. Die Ortschaft mit ihrer alten Klosterkirche liegt reizvoll in einem Talkessel. Eine halbe Stunde von hier entfernt ist die hochinteressante Hermanns-Tropfsteinhöhle. Bis zum Ausgangspunkt Aspang sind zurück dann in der Talwanderung des Feistritztales oder über St. Corona etwa noch 3½ Stunden Gehzeit. Bei Führung dieser dreitägigen Tour wird die Nächtigung im Hallerhaus für die erste Nacht und Kirchberg am Wechsel für die zweite Nacht empfohlen. Die Rückfahrt von Aspang kann mit dem Personenzug um etwa 16 Uhr erfolgen, Ankunft in Wien-Aspangbahnhof vor 19 Uhr, oder mit dem Schnellzug ab Aspang um etwa 19 Uhr, Ankunft in Wien-Aspangbahnhof vor 21 Uhr.

Einen ganz besonderen Reiz soll den Kindern die „Schülerfahrt ins Blaue" bieten. Es ist auch hier bei der Zusammenstellung sehr an den lehrreichen Wert dieses Ausfluges mit seiner großen Abwechslung gedacht worden. Die Reiseroute und alle Zwischenstationen mögen den Kindern und Schülern geheim gehalten werden, es soll ja eine Überraschung für die kleinen Herzen sein. Kurz nach 7 Uhr früh führt die Fahrt vom Aspangbahnhof über Sollenau in ein Thermalbad /Bad Fischau/. Ankunft nach 8 Uhr früh. Benützung des Thermalbades /21 Grad Celsius/. Weiterfahrt um etwa 11 Uhr vormittag in eine große Industriestadt Niederösterreichs /Wr.-Neustadt/. Ankunft am Schneebergbahnhof. Rundgang und Besichtigung der Stadt. Weiterfahrt um etwa 13 Uhr vom Hauptbahnhof Wr.-Neustadt in das Tal der Burgen und historischen Schlösser bis zu einer Bergruine /Türkensturz/. Der Zug wird hier um etwa 14 Uhr in der Haltestelle Gleißenfeld verlassen. Eine kurze Rast und weiter geht es längs des Waldesrandes, zuletzt durch die hohen Laub- und Nadelwälder zu einem mittelalterlichen Schloß /Seebenstein/. Die Besichtigung der überaus interessanten Burghalde mit ihren vielen Sammlungen ist eine Sehenswürdigkeit und keinenfalls zu versäumen. Die Rückfahrt von der Station Seebenstein erfolgt mit dem Schnellzug um etwa 19 Uhr nach Wien-Aspangbahnhof. Ankunft vor 21 Uhr.

Eine Fahrt mit der Zahnradbahn auf den Hochschneeberg wird sicherlich der Wunsch vieler Kinder und Schüler sein. Das hochaufragende Bergmassiv mit seinen vielen schroffen Felswänden gibt dem ganzen Gebiet des 2075 m hohen Schneeberges ein hochalpines Landschaftsbild. Die Abfahrt vom Aspangbahnhof erfolgt etwas nach 7 Uhr früh über Sollenau, dann weiter über Bad Fischau. Nach Fischau führt dann der Schienenstrang entlang der Fischauer Berge, wo bei Winzendorf die Ruine Emmerberg in einem Taleinschnitt sichtbar wird. Nach Willendorf führt die Bahnlinie durch mächtige Föhrenwälder und erreicht jetzt 40⁰/₀₀ Steigung; es ist dies die größte Steigung einer Adhäsionsbahn in ganz Europa. Von der Haltestelle Unter-Höflein führen eine Menge Wege auf die Hochfläche der Hohen Wand. Die ausgedehnten Wanderungen gehören sicherlich zu den genußvollsten in der an Naturschönheiten so reichen Umgebung Wiens, und sind insbesondere den Mittelschulen für mehrtägige Wanderungen und Ausflüge zu empfehlen. Weiter führt der Schienenweg nach Grünbach am Schneeberg mit seinem Kohlenbergwerk. Von Grünbach-Klaus ist dann ein prächtiger Tiefblick in den Talkessel von Puchberg. Mit gleichem Gefälle zieht dann die Schneebergbahn hinab zur Station Puchberg. Die Ortschaft mit ihrer aus dem 12. Jahrhundert stammenden Schloßruine liegt malerisch schön am Fuße des Schneeberges. Die Fahrt geht dann weiter bergan mit der Zahnradbahn längs des Hengstweges. Die Bahnlinie führt durch mächtige Fichtenwälder und passiert den Kaltwassersattel mit dem prachtvollen Tiefblick ins Mieseltal. Kurz nachher wird die Haltestelle Baumgartner /1393 m/ erreicht. Wieder setzt sich der Zug in Bewegung, das Dampfroß schnaubt, denn jetzt erreicht die Zahnradstrecke ihre höchste Steigung /200⁰/₀₀/. Noch zwei Tunnels und mehrere Serpentinen und die Station Hochschneeberg ist erreicht. Ankunft um 11 Uhr vormittag. Nur wenige Schritte führen bis zum Eisenbahnhotel. Von hier reicht der prachtvolle Tiefblick hinab in die schroff abfallenden Felswände, in Täler und die umliegende Bergwelt bis weit hinein zum Neusiedlersee. Von der Endstation Hochschneeberg gelangt man auf einer Plateauwanderung in ungefähr einer ¼ Stunde auf den Ochsenboden. Nach 3½ Stunden Bahnfahrt ist man von Wien weg inmitten einer von Enzian und Alpenrosen geschmückten Bergweide. Der Aufstieg auf den Kaiserstein /2061 m/, mit dem höchsten Schutzhaus des Berges, der Fischerhütte, ist nicht gefährlich und selbst mit Kindergruppen leicht zu bewältigen. Es bietet sich vom Gipfel eine fast unermessliche Fernsicht. Ein Tag auf dem Schneeberg ist für manchen Schüler sicherlich eine unvergeßliche Erinnerung fürs ganze Leben. Für Mittelschulen ist der Verbleib von mehreren Tagen auf dem Hochschneeberg, mit den vielen Möglichkeiten schöner Bergwanderungen, besonders lohnenswert. Die Nächtigung wird im Eisenbahnhotel empfohlen. Die Talfahrt mit der Zahnradbahn wird nach 17 Uhr angetreten. Die Ankunft in Wien-Aspangbahnhof erfolgt nach 21 Uhr.

Dieser Schülerausflug auf den Hochschneeberg kann auch von Wr.-Neustadt geführt werden. Abfahrt von Wr.-Neustadt-Schneebergbahnhof um 8 Uhr früh. Rückankunft in Wr.-Neustadt nach 20 Uhr. Ein Umsteigen in Bad Fischau ist bei größeren Schülergruppen nicht notwendig.

Eisenbahnhotel
Hochschneeberg
1802 m Seehöhe

Das
schönstgelegene
Berghotel
Österreichs

Im Nachfolgenden geben wir Ihnen auch die Preise für Mittagessen, Jause, Abendessen und Nächtigung im Hotel Hochschneeberg bekannt, welche vom Pächter Julius Ries für Schulausflüge besonders ermäßigt wurden.

Kinder - Mittagessen / Suppe, Braten mit Beilage, Mehlspeise,
1 Brot, 1 Glas Himbeerwasser . . . . . . S 2.—
Jause oder Frühstück / Kaffee mit Milchbrot . . . . „ —.60
Abendessen . . . . . . / 1 Fleischspeise mit Beilage, 1 Brot . . . . . „ 1.—
1 Milchspeise — Milchreis oder Milchgrieß „ —.60
Getränke . . . . / 1 Glas Himbeerwasser . . . . „ —.20
1 Glas Sodawasser mit Himbeer . . . . . „ —.30
Nächtigung . . . . . / 1 Bett für Kinder . . . . „ 1.60
1 Bett für Erwachsene . . . . „ 2.20.

In diesen Preisen ist der Bedienungszuschlag bereits inbegriffen

Von Wiener Neustadt aus war nach 5,3 Kilometern der Bahnhof Bad Fischau erreicht, nach weiteren 6,6 Kilometern Brunn. Nach 8,4 Kilometern kam Weikersdorf und nach 10,5 Kilometern dann Winzendorf.

Danach folgten die Haltestellen Urschendorf und Strelzhof sowie der Bahnhof Willendorf, von dem bis 1942 die Lokalbahn Willendorf–Neunkirchen abfuhr. Nach Unter-Höflein kam der Sommerfrischeort Grünbach, der für die EWA wegen der Eröffnung eines Steinkohlenwerkes besonders wichtig wurde.

Nach 28 Kilometern war schließlich der Endbahnhof Puchberg am Schneeberg auf einer Seehöhe von 577 Metern erreicht. Es war ein Gemeinschaftsbahnhof mit der meterspurigen Zahnradstrecke auf den Hochschneeberg, die 1897 eröffnet worden war.

Nahezu alle Gasthöfe, Wirtshäuser und Lokale für die Reisenden der alten Aspangbahn existieren nicht mehr. Bis zum Schluss des Bahnbetriebes hatte gegenüber des Aspangbahnhofs das Gasthaus „Zur Technischen Hochschule", das der Wirt Julius Holinger betrieb, für Hungrige und Durstige geöffnet.

Auch das „Café Aspang", hier im Jahre 1910, war ein beliebter Treffpunkt für Reisende.

5

Der Betrieb der Bahn

Ab 1881 fuhr je ein Personenzug am Vormittag und am Nachmittag von Wien nach Aspang und benötigte dafür drei Stunden und 20 Minuten. Zunächst waren die Züge auch für den Güterverkehr angelegt, doch durch die Zunahme des Frachtaufkommens wurde schließlich ein eigener Frachtverkehr eingerichtet. Erst im September 1882 wurden die von der EWA bestellten Dampflokomotiven der Firma Krauss und Co. geliefert. Große Maschinen kamen damals nicht in Frage, da die Strecke nur für eine Achslast von maximal zehn Tonnen angelegt war. In den folgenden Jahren stiegen Güter- und Personenverkehr stark an, was vor allem dem Wachstum der Industrie im südlichen Raum Wiens zuzuschreiben ist. Ab dem 1. Mai 1896 wurde eine Direktverbindung nach Sopron eingeführt. Der Ausbau der Wiener Stadtbahn auf der unteren Wientallinie Meidling–Hauptzollamt und die Übernahme der Schneebergbahn wirkten sich ebenfalls auf die Auslastung der Bahn aus. Der Erste Weltkrieg brachte zunächst ein gesteigertes Verkehrsaufkommen, 1918 musste der Verkehr jedoch stark eingeschränkt werden, 1919 wurde die Verbindung nach Ungarn eingestellt. Erst ab 1922 konsolidierten sich die Verkehrsverhältnisse, die sich bis 1938 langsam immer weiter verbesserten.

Durch den raschen kriegsbedingten Ausbau der Industrie südlich von Wien kam es zu einem bedeutenden Güterverkehrsaufkommen ab 1939. Gegen Ende des Krieges musste der Personenverkehr wieder halbiert werden, einmarschierende Sowjettruppen unterbrachten die Strecke immer wieder, Brückensprengungen und Zerstörungen der benachbarten Eisenbahnanlagen machten sie im Frühjahr 1945 unbefahrbar.

Am 26. Juli 1945 nahm man wieder einen bescheidenen Lokalverkehr auf. Durch Zerstörungen und die massive Kohlennot musste der Verkehr bis 1947 auf einen Zug pro Tag beschränkt werden. Da der Aspangbahnhof in der britischen Zone lag, wurde er reaktiviert und täglich um 7.30 Uhr kam der Dienstzug aus Villach hier an. Bis sich aber der normale Verkehr konsolidierte, dauerte es noch viele Jahre. Dann kam es aber wieder zu einem beträchtlichen wirtschaftlichen Aufschwung im Raum Wien, verbunden mit zahllosen Neubauten und Betriebsänderungen bei den Bahnen, so wurden die Strecken beispielsweise elektrifiziert. Der letzte Dampfzug nach Puchberg fuhr am 26. September 1970. Diese geänderten Verhältnisse führten schließlich zur Auflassung des Aspangbahnhofes am 23. Mai 1971. Und nun wird bald nichts mehr daran erinnern, dass hier einst der Ausgangspunkt einer Bahn geplant war, die bis in den nahen Osten führen sollte.

WIEN—ASPANG.

Entf. in Tarifkm.	Stationen	Pers.-Zug 8	Sec.-Perszg 32*	Post-Z. 4	Local-Perszg. 20	Pers.-Zug 26	Pers.-Zug 30	Pers.-Zug 2	Pers.-Zug 34	Post-Z. 6	Pers.-Zug 14
		I. II. III. C.	II. III. C.				I. II. III. Classe				
		Früh		Früh	Vorm.		Nchm.	Nchm.		Abds.	Abds.
	Wien (Rnnwg. a. C.) Restaur. ab	6.35		7.25	8.10		2.15	3.40		6.30	8.30
—	Simmering (Haltest.)	6.40		7.31	8.16		2.21	3.44		6.34	8.34
6	Centralfriedhof (Restaur.)	6.47		7.38	8.23		2.28	3.51		6.42	8.41
—	Ober-Lanzendorf (Haltestelle)	6.55		7.45	8.32		2.38	3.58		6.49	8.49
12	Maria-Lanzendorf	6.59		7.49	8.40		2.42	4. 1		6.53	8.52
18	Biedermannsdorf	7.10		8.—	8.51		2.54	4. 9		7. 2	9. 1
—	Möllersdorf (Haltestelle)	7.19		8. 7	Vorm.		3. 4	4.23		7.10	9. 9
25	Traiskirchen	7.24		8.12			3. 9	4.23		7.16	9.14
29	Trumau	7.30		8.19			3.16	4.29		7.24	9.20
31	Ober-Waltersdorf	7.35		8.25			3.22	4.34		7.29	9.25
34	Tattendorf	7.43		8.35			3.33	4.43		7.38	9.34
—	Schönau a. d. Triestg. (Haltst.)	7.49		8.41			3.41	4.50		7.44	9.41
41	Sollenau L.-B. an	7.52		8.46			3.45	†4.54		7.48	9.45
	Gutenstein	9.52		—			Nchm.	6.57		—	11.40
	Hainfeld	9.44		—				6.51		—	11.44
	St. Pölten	10.57		—				8. 9		—	
	Oedenburg (Pester Zeit)	9.44		—				6.48		9.45	
	Raab			—				9.50		—	
—	Sollenau L.-B. ab	Vorm.		8.48				4.56		7.50	
43	Felixdorf			8.53				5. 1		7.56	Nachts
—	Theresienfeld an								Abds.	8.13	
			Früh	9.12		Nachm.		5.15		8.16	
52	Wr.-Neustadt (Restaur.) {ab		7.50	9.14		1.30		5.17	7.50	8.16	
—	Katzelsdorf (Haltestelle)		7.57	9.21		1.37		5.23	7.57	8.23	
59	Kl.-Wolkersdorf		8. 6	9.29		1.46		5.31	8. 6	8.31	
62	Erlach		8.14	9.36		1.54		5.37	8.14	8.37	
—	Brunn a. d. Pitten (Haltest.)		8.19	9.40		1.59		5.42	8.19	8.41	
65	Pitten		8.27	9.48		2.10		5.50	8.26	8.48	
—	Santern-Schildern (Haltest.)		8.32	9.52		2.15		5.55	8.31	8.52	
69	Seebenstein		8.36	9.56		2.22		5.59	8.37	8.56	
—	Gleissenfeld (Haltestelle)		8.42	10. 2		2.28		6. 4	8.43	9. 2	
74	Scheiblingkirchen		8.48	10. 7		2.36		6. 9	8.49	9. 7	
—	Petersbaumgarten (Haltest.)		8.55	10.14		2.43		6.14	8.56	9.14	
79	Edlitz		9. 2	10.21		2.51		6.20	9. 2	9.21	
—	Feistritzthal (Haltestelle)		9.13	10.29		3. 1		6.25	9.15	9.29	
87	Aspang (Restaur.)		9.20	10.35		3. 8		6.33	9.20	9.35	
			Vorm.	Vorm.		Nachm.		Abds.	Abds.	Abds.	

(Spalte 32: "Verkehrt nur an Marktagen, d. i. an jedem Mittwoch und Samstag und an Sonn- und Feiertagen.")
(Spalte 26: "Verkehrt an Wochentagen, von Pitten bis Aspang als gemischter Zug.")
(Spalten 34, 6, 14: "Nur an Sonn- und Feiertagen.")

Die EWA/SchBB-Fahrpläne vom Juni 1914 sind in dem kompletten Nachdruck *Österreichisches Kursbuch 1914*, Verlag Slezak, Wien, 1980, auf den Seiten 138 bis 141 abgedruckt.

ANSCHLÜSSE.

I. In Sollenau.

Von Wien und Aspang.

		Früh	Nachm.	Abends	Abends
Wien	ab	6.35	3.40	6.30	8.30
Aspang		5.25	2.10	—	7.50
Gutenstein	an	9.52	6.57	—	11.40
Hainfeld		9.44	6.51	—	11.44
St. Pölten		10.57	8. 9	—	—
Oedenburg {(Pester		9.44	6.48	9.45	—
Raab { Zeit).			9.50	—	—
		Vorm.	Abends	Abends	Nachts

Nach Wien und Aspang.

		Frh.	Frh.	Frh.	Nm.	Nm.	Abds.
Raab {(Pester ab				6.20		5.38	
Oedenburg { Zeit)		6.—		9.45	12.28		6.58
St. Pölten		—	5.14	—	1.55	—	7.53
Hainfeld		4.51	7.25	—	1.47	—	7.40
Gutenstein		4.56	7.12	—	5. 7	8.16	11. 5
Wien	an	8.53	10.35	12.20	6.33	9.55	
Aspang		10.35	—	—	Abds.	Abds.	Nchta.
		Vm.	Vm.	Nm.			

II. In Wiener-Neustadt.

Postzug Nr. 1 an Südbahnzug Nr. 17, 37, 4, 302.
Personenzug Nr. 2 von Südbahnzug Nr 50 und 1312.
„ Nr. 3 an Südbahnzug Nr. 51 und 92.
Postzug Nr. 4 von Südbahnzug Nr. 1, 4, 307 und 1302.
„ Nr. 5 an Südbahnzug Nr. 69, 10, 6 und vom Zug Nr. 3.
„ Nr. 6 von Südbahnzug Nr. 2, 20 und 301.
Sec.-Personenzug Nr. 31 an Südbahnzug Nr. 88, 33, 5, 35, 1301.
„ Nr. 32 von Südbahnzug Nr. 30, 305.
Personenzug Nr. 26 an Südbahnzug Nr. 8/1, 311.
„ Nr. 27 an Südbahnzug Nr. 43, 1311, 8/1.
„ Nr. 34 von Südbahnzug Nr. 20, 65, 301.
„ Nr. 35 an Südbahnzug Nr. 65, 2.
Die Verkehrszeiten der Südbahnzüge sind aus dem bezüglichen Fahrplane zu entnehmen.

III. In Klein-Schwechat.

Zug Nr. 122 an Zug Nr. 2 Mannersdorf an 8 Uhr 58 M. Vorm.
„ 123 vom „ 1 „ ab 5 „ 15 „ Früh.
„ 124 an „ 4 „ an 4 „ 1 „ Nm.
„ 125 vom „ 3 „ ab 12 „ 40 „ „

Der Fahrplan der Aspangbahn.

73

ASPANG—WIEN.

Entf. in Tarifkm.	Stationen	Sec.-Perszg. 31* (II. III. Cl.)	Gem. Zug 15	Post-Z. 1	Pers. Zug 7	Gem. Zug 27	Pers. Zug 9	Pers. Zug 3	Pers. Zug 35	Pers. Zug 11	Post-Z. 5
					L. II. III. Classe						
		Früh		Früh	Vorm.		Nchm.	Abds.		Abds.	Abds.
—	Aspang (Restaur.) . . ab	3.55		5.25	10. 5		2.10	6.—		7.50	
—	Feistritzthal (Haltestelle) »	4. 1		5.30	10.11		2.15	6. 6		7.57	
9	Edlitz . . . . . . »	4.11		5.40	10.25		2.24	6.19		8. 9	
—	Paiersbachgarten (Haltest.) »	4.16		5.45	10.30		2.38	6.24		8.14	
14	Scheiblingkirchen . . . »	4.25		5.53	10.40		2.35	6.32		8.24	
—	Gleissenfeld (Haltestelle) . »	4.29		5.57	10.45		2.39	6.37		8.28	
19	Seebenstein . . . . . »	4.37		6. 5	10.54		2.47	6.44		8.38	
—	Sautern-Schildern (Haltest.) »	4.40		6. 8	10.57		2.50	6.47		8.41	
22	Pitten . . . . »	4.51		6.17	11.10		3.—	6.57		8.51	
—	Brunn a. d. Pitten (Haltest.) »	4.54		6.20	11.13		3. 3	7.—		8.54	
26	Erlach . . . . »	5. 1		6.26	11.19		3. 9	7. 6		9.—	
29	Klein-Wolkersdorf . . . »	5. 9		6.33	11.27		3.16	7.15		9. 8	
—	Katzelsdorf (Haltestelle) . »	5.16		6.40	11 35		3.23	7.23		9.15	
36	Wr.-Neustadt (Restaur.) . an	5.25		6.47	11.42		3.30	7.30		9.22	
	ab			6.50	Vorm.		3.32	Abds.		9.24	
—	Theresienfeld . . . . »	Früh									
45	Felixdorf . . . . . . »			7. 6	Früh		3.47			9.39	
47	Sollenau L.-B. . . . an			7.10	6.14		3.51			9.43	
	St. Pölten . . . . ab				7.25		12 35			6.38	
	Hainfeld . . . . . »			4.51	7.25		1.55.			7.55	
	Gutenstein . . . . . »			4.56	7.12		1.47			7.40	
	Raab (Pester Zeit) . »		Früh			Früh	6.20		Abds.		
	Oedenburg . . . . . »			6.—			9.45			5.33	
—	Sollenau L.-B. . . . . »		5. 5	7.16	9.20		11. 5	3.54		7.—	9.46
—	Schönau a. d. Triestg. (Haltest.) »		5.10	7.19	9.23		11. 8	3.57		7. 3	9.49
54	Tattendorf . . . . . »		5.28	7.28	9.34		11.19	4. 7		7.13	9.59
57	Ober-Waltersdorf . . . »		5.36	7.35	9 39		11.24	4.12		7.18	10. 5
59	Trumau . . . . . . »		5.42	7.40	9.51		11.29	4.16		7.24	10.10
63	Traiskirchen . . . . »		5.53	7.47	9.51		11.36	4.23		7.31	10.17
—	Möllersdorf (Haltestelle) . »		5.58	7.50	9.54		11.39	4.26		7.34	10.30
70	Biedermannsdorf . . . »		6.11	8.—	10. 3		11.49	4.37		7.45	10.30
76	Maria-Lanzendorf . . . »		6.28	8.10	10.12		11.58	4.47		7.54	10.58
—	Ober-Lanzendorf (Haltest.) »		6.31	8.12	10.15		12. 1	4.50		7.57	10.4
82	Centralfriedhof (Restaur.) »		6.47	8.22	10.24		12. 9	4.58		8. 5	10.52
—	Simmering (Haltestelle) . »		6.55	8.28	10.30		12.15	5. 5		8.11	10.58
87	Wien (Rnnwg. a. C.) Restaur. an		7.—	8.33	10.35		12 20	5. 7		8.16	11. 5
			Früh	Vorm.	Vorm.		Nchm.	Nchm.		Abds.	Nachts

Diese Fahrpläne aus der ersten Betriebszeit der EWA verdienen einige Bemerkungen. Der Wiener Aspangbahnhof ist als *Wien (Rennweg am Canal)* bezeichnet, bzw. lagemäßig bestimmt und zwei ursprünglich eingerichtete Haltestellen — Ober Lanzendorf und Katzelsdorf — sind noch enthalten, welche mangels Bedarf bald aufgelassen wurden. Guntramsdorf-Kaiserau fehlt noch und manche Stationen erhielten im späteren Betriebsverlauf andere Bezeichnungen, z. B. Feistritzthal, heute Feistritz-Kirchberg. Die Übersichtskarte zu diesem Fahrplan ist auf Seite 181 abgedruckt.

Aufmerksamkeit verdient auch der Fahrplan nach Klein Schwechat. Im Vergleich zu 1882 und 1883 ist der Verkehr halbiert, denn die ursprüngliche Führung von 9 bis 10 Zügen pro Tag überstieg weit den Bedarf, weshalb z. B. am 3. November 1882 der Personenverkehr auf dieser Strecke eingestellt und erst zum Sommerfahrplan 1883 wieder aufgenommen wurde.

Die 24-Stunden-Zählung gilt im österreichischen Verkehrswesen (erst) seit 1. Juni 1921, null Uhr. *Sammlung Verlag Slezak*

Wien—Kl.-Schwechat.

Entf. in Tarifkm.	Stationen	Secundär-Personenzüge 122	120	124	130	126	128
		Mit allen 3 Wagenclassen					
		Früh	Vorm.	Nachm.	Nm.	Nachm.	Abds.
—	Wien (Rnnwg. a. C.) Restaur. ab	6.20	9.—	1.30	3.15	5.—	8.—
—	Simmering (Haltest.) . . »	6.26	9. 6	1.36	3.21	5. 6	8. 6
—	Centralfriedhof (Restaur.) »	6.35	9.15	1.45	3.30	5.15	8.15
10	Kl.-Schwechat . . . . an	6.45	9.25	1.55	3.41	5.27	8.27
		Früh	Vorm.	Nachm.	Nm.	Nachm.	Abds.

Kl.-Schwechat—Wien.

Entf. in Tarifkm.	Stationen	Secundär-Personenzüge 123	121	125	131	127	129
		Mit allen 3 Wagenclassen					
		Früh	Vorm.	Nachm.	Nm.	Abds.	Abds.
—	Kl.-Schwechat . . . ab	7. 5	11.40	2.10	4.15	6.—	9.30
5	Centralfriedhof (Restaur.) »	7.16	11.53	2.22	4.27	6.13	9.43
—	Simmering (Haltest.) . . »	7.25	12. 2	2.31	4.36	6.22	9.52
10	Wien (Rnnwg. a. C.) Restaur. an	7.30	12. 7	2.36	4.41	6.27	9.57
		Früh	Vorm.	Nachm.	Nm.	Abds.	Abds.

Besondere Bemerkungen.

1. Die Secundär-Personenzüge Nr. 31* und 32* verkehren auch an einem Dienstag oder Freitag, wenn Mittwoch oder Samstag ein Feiertag ist.
2. In jenen **Stationen und Haltestellen**, bei welchen die Verkehrszeiten der Züge mit **schwachen Ziffern** ersichtlich gemacht sind, findet ein **Anhalten** nur **bedingungsweise** statt, d. i. wenn Reisende aus- oder einsteigen.
3. Ein **Retour-** oder **Rundreisebillet**, mit welchem eine Fahrpreis-Ermässigung verbunden ist, ist zur Rückresp. Weiterreise nur für **diejenige Person giltig, welche mit demselben die Reise begonnen hat.**
4. Bei den Zügen Nr. 1, 2, 6, 8, 9 und 11 verkehren in der Relation **Oedenburg** und bei den Zügen 7 und 2 in der Relation **Gutenstein** directe Wagen.
5. Hinsichtlich der Aenderungen im Anschlusse der Nachbarbahnen während der Giltigkeit dieses Fahrplanes wird keine Gewähr geleistet.
6. Die Verkehrszeiten der Züge sind nach der Prager Zeit angesetzt, welche gegen jene von Wien um 8 Minuten später ist.
7. Die schwarz eingerahmten Ziffern bedeuten die Stunden der Nacht, d. i. von 6 Uhr Abends bis 5 Uhr 59 Min. Früh.

Den Wiener Verkehrsbetrieben, welchen heuer beim Schottentor, bei der Bellariastraße und bei der Babenbergerstraße schwere Aufgaben in bezug auf die Aufrechterhaltung des Straßenbahnverkehres gestellt sind, ist nun auch durch den Umbau der alten Rennweger Brücke im Zuge der Ungargasse — Fasangasse ein neues schwieriges Problem zur Lösung erwachsen. Dort mußten bereits die Schienen der Straßenbahnlinien O und 71 verlegt werden, denn die Bundesbahn hat mit der Herstellung einer breiten modernen Stahlbetonbrücke über den künftig dreigeleisigen Bahnkörper der Verbindungsbahn begonnen und wird an dieser Kreuzung, und zwar an der Ecke Rennweg — Ungargasse, einen Glaspavillon als Schnellbahnstation errichten. Nach dessen Fertigstellung wird der veraltete, seit dem Ausbruch des zweiten Weltkrieges ziemlich vernachlässigte, von den beiden Straßenbahnlinien zu entfernt liegende Aspangbahnhof für den Personenverkehr aufgelassen und die Abfertigung der Reisenden zur Station „Rennweg", also zur Schnellbahnstation verlegt werden, wo ein bequemes Umsteigen in die Straßenbahn möglich sein wird. Für den Güterverkehr wird allerdings bis auf weiteres noch der alte Aspangbahnhof in Verwendung bleiben.

Dieser Ausschnitt stammt aus dem Artikel „Abschied vom Aspangbahnhof" aus dem Amtsblatt der Stadt Wien von 1960, verfassst von Franz Englisch (1886-1974). Englisch war nach dem Zweiten Weltkrieg, als das Bezirksmuseum Landstraße wieder eröffnet wurde, einer der ersten Mitarbeiter.

Dabei ist aber dieser Aspangbahnhof nicht einmal noch so alt! Erst 1881/82 wurde er an Stelle des sogenannten zweiten Wiener-Neustädter Kanalhafens nach Entwürfen von Professor Franz von Gruber, des Miterbauers des Rettungsgesellschaftsgebäudes, errichtet. Damals beabsichtigte die Erste Österreichische Schiffahrtskanal A. G. als Besitzerin des Wiener-Neustädter Kanales eine Bahn von Wien nach Novi im nördlichen Bosnien zu bauen, um einen lebhafteren Handelsverkehr mit den Balkanländern in die Wege zu leiten und später die Strecke bis in den südlichen Balkan weiterzuführen. Aus Gründen der Kapitalbeschaffung vereinigte sich diese Erste Österreichische Schiffahrtskanal A. G. mit der Société Belge de Chemin de fer zur Austrobelgischen Eisenbahn-Gesellschaft und gründete gleichzeitig zur Durchführung des Baues der ersten Teilstrecke der Bahn von Wien nach Aspang eine Tochtergesellschaft, die k. k. privilegierte Eisenbahn Wien — Aspang. Die Eröffnung der Aspangbahn — wie sie die Wiener kurz nennen — versetzte dem Frachtenverkehr auf dem Wiener-Neustädter Kanal den Todesstoß, so daß die Schiffahrt auf demselben eingestellt werden mußte. (V. E. Riebe: Der Wiener-Neustädter Schiffahrtskanal). — Heute ist die Aspangbahn dem Betriebe der Bundesbahnen angegliedert.

Die Fortsetzung des Artikels von Franz Englisch zum Ende der Aspangbahn.

6

Ein dunkles Kapitel

Es gibt viele – vor allem was die technischen Aspekte angeht – hervorragende Publikationen über den Aspangbahnhof und die Aspangbahn. Doch nur selten wird erwähnt, dass von diesem Bahnhof Wiener Juden nach Osten in die Vernichtungslager deportiert wurden, die so viele nicht überlebten. Dieses dunkle Kapitel darf aber nicht ausgelassen werden, da der Aspangbahnhof zu den wichtigsten Bahnhöfen im Deutschen Reich für die sogenannten Judentransporte gehörte. Denn hier konnten im Gegensatz zu anderen Bahnhöfen sehr viele Menschen ohne großes Aufsehen abtransportiert werden. Nicht ohne Grund war hier in Wien die Zentralstelle für jüdische Auswanderung unter Adolf Eichmann. Mitarbeiter der Zentralstelle wurden – dank ihrer Erfahrung – auch an anderen Orten Deutschlands eingesetzt, wenn es dort Schwierigkeiten beim Abtransport von jüdischen Bürgern gab.

Insofern ist diese Zeit wichtig bei der Betrachtung der Geschichte des Aspangbahnhofs und der Aspangbahn. Und es wäre doch auch eigenartig, in einer Publikation über Zugsnummern, Gleisbreiten und andere technische Details zu berichten, aber tragische menschliche Schicksale nicht einmal zu erwähnen. Wir wollen mit diesen Zeilen deshalb vor allem an die Opfer des NS-Terrors erinnern. Nicht nur sie selbst wussten zunächst nichts über die genauen Ziele der „Umsiedlungen". Die Betroffenen erfuhren erst spät, dass die meisten Transporte mit jüdischen Mitbürgern vom Aspangbahnhof in den Osten fuhren. Diesen Bahnhof wählte man aus, weil er damals nicht sehr ausgelastet war, nur wenige andere Reisende dort abfuhren und er in einem ziemlich unübersichtlichen Industriegebiet lag. Erst Ende 1943 gingen die letzten Transporte auch vom Wiener Nordbahnhof ab. Noch immer fragen Nachkommen im Bezirksmuseum des 3. Bezirkes und an anderen Stellen nach dem Verbleib ihrer Vorfahren. Und immer wieder finden sich Spuren, die schließlich am Aspangbahnhof verwehen.

Eine Überlebende, Hannah K., die mit ihrer Schwester und ihrer Mutter im Jahre 1939 die damalige Ostmark verlassen konnte, erzählte, dass sich ihr Vater jahrelang versteckt gehalten hatte, schließlich aber verraten und deportiert wurde. Man hat nichts mehr von ihm gehört. Lange hat die Familie nach dem Verbleib ihres Ehemannes und Vaters gesucht und erst nach längeren Recherchen herausgefunden, dass er am Aspangbahnhof das letzte Mal gesehen wurde. Von hier wurde er mit einem Transport verschickt. Sein weiteres Schicksal blieb unbekannt.

Hannah K. versteht bis heute nicht, warum ihr Vater nicht über die Berge ins Ausland flüchtete, obwohl er ein ausgezeichneter Bergsteiger war und in Tirol und an der Grenze zur Schweiz jeden Steg kannte. Viele Juden ließen die Chance zur Flucht ungenutzt, vielleicht um ihre Familien nicht zu verlassen.

DEUTSCHES REICH

(Stempelmarke)

Gebühr **3** RM

15.1.1939

REISEPASS

Nr. 76034

NAME DES PASSINHABERS

Richard Finali

BEGLEITET VON SEINER EHEFRAU

Auguste

UND VON **2** KINDERN

STAATSANGEHÖRIGKEIT:

DEUTSCHES REICH

Dieser Paß enthält 32 Seiten

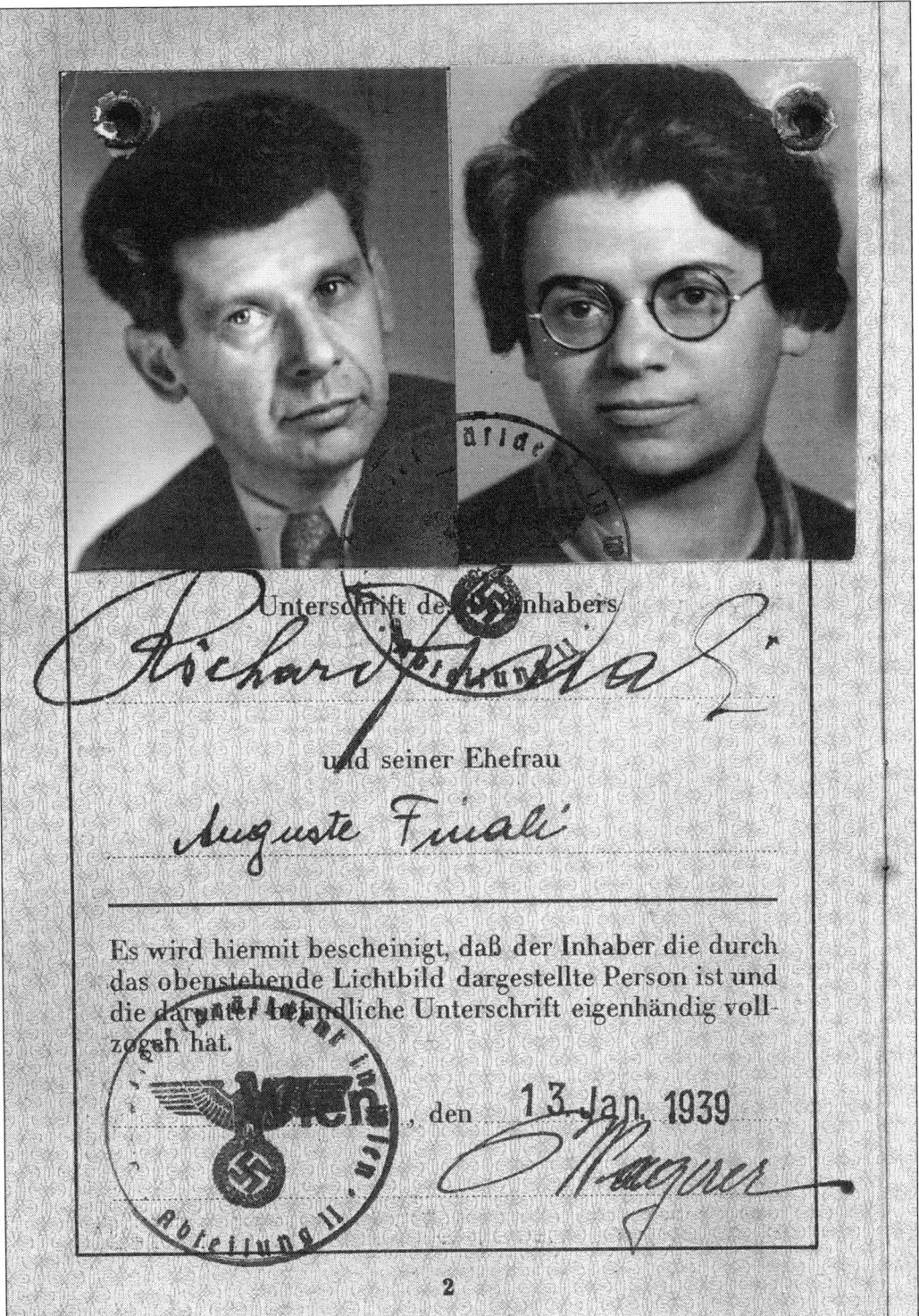

Untersch[ri]ft de[s Inh]abers

Richard [...]

und seiner Ehefrau

Auguste Finali

Es wird hiermit bescheinigt, daß der Inhaber die durch
das obenstehende Lichtbild dargestellte Person ist und
die darunter befindliche Unterschrift eigenhändig vollzogen hat.

, den 13. Jan. 1939

2

Vom Vater der Zeitzeugin Hannah K. ist nur der Reisepass geblieben, auf dem vermerkt war, dass
er deutschen Juden gehörte.

Der SS-Mann Zitta war am Aspangbahnhof eingesetzt.

Am 20. August 1938 wurde die „Zentralstelle für jüdische Auswanderungen" in Wien, Prinz-Eugen-Straße 22, gegründet, Leiter war Adolf Eichmann. Die in der Zentralstelle für die Vertreibung und spätere Deportation der Wiener Juden entwickelten Techniken – vor allem über den Aspangbahnhof – waren Modell für die entsprechenden Deportationen in anderen Teilen des Deutschen Reiches und auch im von Deutschland besetzten Europa.
Am 20. Oktober 1939 wurden erstmals 912 und am 26. Oktober 672 Männer nach Nisko am San, an der Grenze des Generalgouvernements zur Sowjetunion, wo ein Reservat für Juden geplant war, abtransportiert. 200 Handwerker wurden im Lager aufgenommen, der größere Teil wurde über die Grenze in die Sowjetunion getrieben, wo sie als politisch unzuverlässig eingestuft und nach Sibirien verschleppt wurden. Das Lager Nisko wurde 1940 aufgelöst, im Mai 1940 kamen 198 Menschen nach Wien zurück. Aus Sibirien schafften es nur rund 100 Männer bis 1957 nach Wien zurück.
In großen Sammelstellen– übrigens auch in den Sophiensälen – wurden die Habseligkeiten von jüdischen Männern unter Bewachung gesammelt und verpackt. Nur wenig durften die Deportierten mitnehmen.

Am Beginn der Verschickungen wurden Personenwaggons eingesetzt, später, als kriegsbedingt immer weniger Waggons zur Verfügung standen, verwendete man Viehwaggons. Eine Augenzeugin, die als Kind an der Bahnstrecke wohnte, berichtet, dass aus den Lücken und Ritzen der Viehwaggons viele Hände herausragten. Sie hat damals einige Leute gefragt, warum Menschen in Viehwaggons transportiert werden – eine Antwort hat sie nicht bekommen.

Erst 1941 folgten die nächsten Transporte. Am 1. Februar 1941 wurde eine Verfügung erlassen, die den Wiener Juden das Verlassen des Gaugebietes untersagte und am gleichen Tag erfuhren die Vertreter der Israelitischen Kultusgemeinde, dass die Deportationen aus der Stadt demnächst wieder aufgenommen würden. „In Anbetracht der besonders gelagerten Verhältnisse in Wien hat der Führer die Evakuierung der in Wien ansässigen Juden angeordnet", wie es in der Unterrichtung des Reichssicherheitshauptamts an alle Staatspolizeileitstellen im Deutschen Reich hieß. Ziel sollte wieder das Generalgouvernement sein.

Mitgut des Auswanderers:

Josef Salamon, Wien,3.,Kübeckgasse 18.
und Familie

        Ic) erkläre hiemit an Eidesstatt, dass die im
nachstehenden Verzeichnisse angeführten Gegenstände mein
Mitgut darstellen, in meinem Gebrauch standen und zu meinem
Wiedergebrauch in Ungarn bestimmt sind.

        Der vermutliche Reisetermin ist Mitte Februar!

        Ich erkläre eidesstattlich, dass sämtliche
angeführte Gegenstände bereits vor dem 1.Jänner,1938 in
meinem Besitz waren und anlässlich der Übersiedlung keiner-
lei Neuanschaffungen gemacht wurden.

1.	1	Herrennachthemd
2.	2	Damennachthemden
3.	6	Damentaghemden
4.	8	Damenhosen
5.	4	Herrenhemden
6.	1	Arbeitsmantel
8.	4	Unterhosen
9.	6	Schürzen
10.	3	Handtücher
11.	3	Geschirrtücher
12.	1	Tischtuch
13.	2	Staubtücher (Leinwandflecke)
14.	12	Taschentücher
15.	2	Kochtopflappen
16.	5	Herrenkragen
17.	1	Opernglas
18.	5	Blusen
19.	4	Pullover
20.	3	Schösse
21.,	1	Kostüm
22.	9	Kleider
23.	8	Paar Damenstrümpfe
24.	5	" Herrensocken
25.	5	" Damenschuhe
26.	2	" Herrenschuhe
27.	1	Nähzeugkassette
28.	3	Anzüge
29.	8	Krawatten
30.	5	Herren und Damenhüte
31.	7	Hüte
32.	1	Spirituskocher

Die Betroffenen wussten nichts Genaues über ihre Zukunft und mussten Listen über ihre Habseligkeiten anlegen, die sie mitzunehmen gedachten.

Kommando der Schutzpolizei   Wien, den 8. Juli 1942.
    1a 6260/42.   **Sofort**   48

Betr.: Gestellung von Transportkommandos.

1.   Durch die Zentralstelle für jüdische Auswanderung werden Eva=
      kuierungstransporte mit je 1000 Juden nach dem Judenghetto There=
      sienstadt bzw. nach dem ▅▅▅▅▅▅▅▅▅▅▅▅▅▅▅▅▅▅ ab Wien-
      Aspangbahnhof durchgeführt und zwar:
          am 10.7.1942 nach Theresienstadt,
           " 14.7.1942   "   "
           " 17.7.1942   " ▅▅▅▅▅ *Zielort noch bekannt*
           " 22.7.1942   "   Theresienstadt und
           " 28.7.1942   "   "

2.   Die Transportkommandos in Stärke von 1 Rev.Offs. und 6 Wachtm.
      (SB) für die Transporte nach Theresienstadt und 1 Rev.Offz.
      und 15 Wachtm.(SB) für den Transport nach Auschwitz sind
          am 10.7.1942 durch S.Gk.Ost,
           " 14.7.1942   "   " West,
           " 17.7.1942   "   " Süd,
           " 22.7.1942   "   " Ost und
           " 28.7.1942   "   " West
      zu stellen.
          Die Transportkommandos haben an den jeweiligen Tagen in der
      Zeit zwischen 11.00 Uhr 11.30 Uhr auf dem Aspangbahnhof zur
      Übernahme der Transporte einzutreffen.

3.   Wegen Anzug, Bewaffnung, Verpflegung, Durchführung der Trans=
      porte usw. gelten die Ziff. 4-10 der Vfg. 1a 6260/42 vom 20.3.
      und 22.5.1942.

Verteiler:
B1,1c,2,.............je 1 = 3   Für den Kommandeur d. Sch.
S.Gk.Mitte .... = 3   Der Chef des Stabes:
      Süd .... = 2
      West .... = 2   gez. B u t e n o p .
      Ost .... = 2
O.v.D. und K.T.B. ...je1 = 2   Beglaubigt:
Nachrichtlich:
Abt. I .... = 5
Zentralstelle für jüdi=
sche Auswanderung ...... = 1
Reserve .... = 5
                    Zus.:25

                                    Der Polizeipräsident in Wien
                                    Abteilung I
                                    - 9. JULI 1942

Am 15. Februar 1941 ging ein Transport mit 996 Personen nach Opole Lubelskie und am 26. Februar folgte die Deportation von 1.049 Menschen, die in der Folgezeit in verschiedene Lager gebracht wurden. Nur 28 von ihnen überlebten bis 1945.

Am 19. Februar 1941 ging ein Deportationszug mit etwa 1.004 jüdischen Bürgern vom Aspangbahnhof nach Kielce, 100 Kilometer nordöstlich von Krakau. Nur 18 Überlebende sind bekannt.

Am 5. März 1941 verließ ein Deportationszug mit 990 Männern, Frauen und Kindern den Aspanbahnhof nach Modliborzyce. 13 von ihnen kehrten nach 1945 nach Wien zurück.

Am 12. März 1941 wurden 995 Menschen nach Opatów abtransportiert. Nur 11 überlebten. Wegen des Aufmarsches gegen die Sowjetunion wurden die Deportationen bis zum 15. Oktober 1941 unterbrochen.

Dann folgten kurz hintereinander fünf Transporte – am 15., 19., 23. und 28. Oktober sowie am 2. November 1941 – mit denen insgesamt 4.989 Menschen nach Lodz (Litzmannstadt) gebracht wurden. Das Sammellager befand sich in der Sperlschule in der Kleinen Sperlgasse im 2. Wiener Gemeindebezirk.

Am 23. November 1941 verließ ein Zug mit 998 österreichischen Juden den Aspangbahnhof in Richtung Kowno. Am 29. November wurden alle Insassen des Zuges im Fort IX durch das Einsatzkommando 3 der Einsatzgruppe A unter SS-Standartenführer Karl Jäger erschossen.

Am 3. Dezember 1941 ging ein Deportationszug mit 1.001 Juden nach Riga. Nur 18 von ihnen überlebten den Krieg.

Am 11. Jänner 1942 fuhr ein Transport mit 1.000 Wiener Juden vom Aspangbahnhof ebenfalls nach Riga ab. 31 von ihnen überlebten den Krieg.

Am 26. Jänner 1942 ging der 15. Transport nach Riga, wo er am 31. Jänner ankam. 36 der Deportierten überlebten.

Am 8. Februar 1942 wurden mit dem 16. Transport 1.003 Menschen nach Riga gebracht, wo der Zug am 10. Februar ankam. 36 überlebten.

Am 9. April 1942 verließ der 17. Transport mit 898 Personen Wien in Richtung Izbica. Weitere drei Transporte wurden bis zum 5. Juni abgeschickt. Überlebende gab es nicht.

Am 27. April 1942 wurden 998 Juden nach Wlodawa deportiert. Sie mussten eine Fahrzeit von 52 Stunden erleiden. Die Abfahrt vom Aspangbahnhof war um 19.11 Uhr, der Zug fuhr über den Nordbahnhof, Lundenburg, Brünn, Böhmisch Trübau, Wildenschwert, Mittelwalde, Glatz, Kamenz, Neisse, Oppeln, Vosswalde, Tschenstochau, Kielce, Radom, Deblin, Lublin und Chelm.

Am 12. Mai 1942 wurde der sogenannte 20. Transport nach Izbica für das Lager Majdanek abgefertigt. 1.001 Juden sahen der Vernichtung entgegen, weitere Angaben fehlen.

Am 15. Mai 1942 wurden noch einmal 1.006 Juden nach Izbica gebracht.

Am 5. Juni 1942 kamen 1.001 Personen nach Izbica-Sobibor. Es war der 25. Transport.

Am 14. Juni 1942 ging Transport 27 – von 26 wissen wir nichts – mit 996 Menschen nach Sobibor ab. Dieser Transport wurde nach einem Bericht am 17. Juni um 8.15 Uhr direkt an den Kommandanten Stangl übergeben. Mehr ist nicht bekannt.

Von Juni 1942 bis zum 9. Oktober 1942 fuhren zusätzlich zu den bereits beschriebenen Zügen noch 13 „große" Transporte mit etwa je 1.000 vor allem älteren Juden nach Theresienstadt. Sie sind im Theresienstädter Gedenkbuch vermerkt. Nur wenige der etwa 13.000 Deportierten überlebten den Krieg.

Am 17. Juli 1942 ging ein Transport mit 995 Juden vom Aspangbahnhof nach Auschwitz, dessen endgültiges Ziel allerdings nicht mehr sicher festgestellt werden konnte. Neun Personen kamen ohne Transportnummer am 8. Dezember 1942 nach Auschwitz.

Zwischen Mai und September 1942 fuhren neun Sonderzüge nach Minsk vom Aspangbahnhof ab, die parallel zu den geplanten geführt wurden. Diese Transporte mit je 670 Menschen waren als Todeszüge geplant und führten nach Maly Trostinec, wo die Juden sofort nach ihrer Ankunft an den schon ausgehobenen Gruben getötet wurden. Im folgenden eine Übersicht dieser Transporte aus dem Jahre 1942:

Transport am	Der Tod aller Insassen wurde dokumentiert am
6.5.1942	11.5.1942
20.5.1942	26.5.1942
27.5.1942	1.6.1942
2.6.1942	8.6.1942
9.6.1942	15.6.1942
31.8.1942	4.9.1942
14.9.1942	18.9.1942
24.9.1942	29.9.1942
5.10.1942	9.10.1942

Nunmehr waren die meisten jüdischen Mitbürger abtransportiert. Lediglich diejenigen, die in Mischehen lebten, für das Reich wichtig, im Ersten Weltkrieg hoch dekoriert worden oder über 65 Jahre alt waren, waren noch von den Transporten nach dem Osten ausgenommen.

Offiziell gab es ab Oktober 1942 keine Deportationen mehr nach dem Osten. Alle Transporte der Jahre 1943 oder 1944 wurden ohne Registrierung abgewickelt oder sie erhielten die Nummer 47 mit zusätzlichen Buchstaben.

Am 3. März 1943 wurden 75 Juden mit der Nummer 47a von der Postrampe des Nordbahnhofes abtransportiert, am 31. März 85 Personen. Zug 47c transportierte 21 Juden nach Auschwitz und 47d 25. Am 24. Februar 1944 ging Transport 47e nach Auschwitz und am 26. April folgten unter der Tarnnummer 47f 19 Personen. Unter der Bezeichnung 47g wurde am 27. Juni ein weiterer Transport nach Auschwitz geführt. Acht Frauen wurden in Birkenau ausgesondert, die anderen Insassen sofort getötet. Am 28. Juni wurden 38 Juden ohne Transportnummer nach Auschwitz transportiert. Sechs Männer kamen nach Birkenau, die anderen wurden sofort getötet.

Es waren nur mehr wenige Juden in Wien, vor allem ältere Menschen. Die Transportzahlen nahmen ab, oft hängte man nur noch einzelne Waggons an fahrplanmäßige Züge an. Daher ging nun so mancher Transport vom Nordbahnhof von einer dafür vorgesehenen Laderampe ab. Dennoch nutzte man den Aspangbahnhof weiter. So wurden am 5. Jänner 1943 100 Personen vom Aspangbahnhof nach Theresienstadt gebracht, am 8. Jänner unter der Transportnummer 46c 100 und am 12. Jänner weitere 100. Am 28. Jänner wurden neun, am 25. Februar 70 Juden deportiert, am 30. März 1943 gingen unter der Transportnummer 46f 101 Personen nach Theresienstadt und am 1. April unter der Nummer 46g 72 Personen. Am 22. April mussten zwei Deportierte Wien verlassen und am 25. Mai unter der Nummer 46h 205 in Richtung Theresienstadt. Am 16. Juni waren es wieder drei Personen. Am 24. Juni verließen 152 Juden unter der Nummer 46i den Aspangbahnhof in Richtung Theresienstadt.

Am 21. August 1944 wurden zwei Personen ohne Transportbezeichnung nach Auschwitz gebracht, am 1. September ging Transport Nummer 47h nach Auschwitz. Bis auf fünf Männer wurden alle getötet. Am 5. Oktober 1944 kamen 100 Männer ohne Transportbezeichnung nach Auschwitz. Mehr ist nicht über sie bekannt.

Vom Aspangbahnhof gingen selbst im Jahre 1945 noch Transporte nach Theresienstadt. Vom Schicksal der Deportierten aus dieser Zeit ist nichts mehr bekannt. Am 1. Februar 1945 mussten vier Juden Wien verlassen, am 15. Februar sieben, am 7. März 1.074 und noch am 19. März elf.

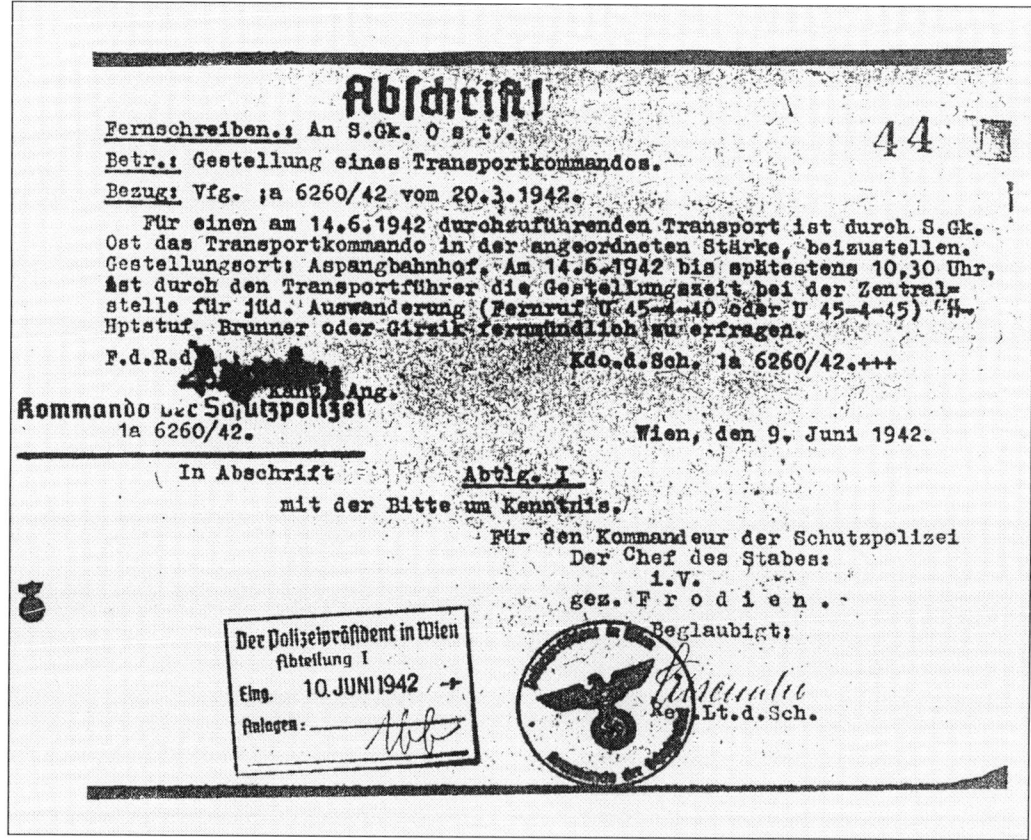

Auszug aus dem Gestellungsgesuch für einen Transport jüdischer Mitbürger nach Sobibor am 14. Juni 1942.

95. Pol.Revier

Wien, den 4. Mai 1942.

Betrifft: Erfahrungsbericht über durchgeführten Judentransport.

Bezug: Vfg. Kdo.d.Sch. Ia 6260.

S. Ak. IX

Der jüdische Evakuierungstransport, bestehend aus 1000 Juden männlichen und weiblichen Geschlechtes, wurde am 27. April 1942 um 19,11 Uhr von Wien, Aspangbahnhof aus, durchgeführt.

Die Einwaggonierung wurde am 27.4.1942 in der Zeit von 12,15 bis 19,00 Uhr vollzogen.

Der Zug fuhr um 19,11 Uhr von Wien-Aspangbahnhof über Nordbahnhof, Lundenburg, Böhmisch-Trübau, Wildenschwert, Mittelwalde, Glatz, Kamentz, Neusse, Opplen, Voßwalde, Tschenstochau, Kielze, Radom, Deblin, Lublin nach Wlodawa. Ankunft in Wlodawa am 29.4.1942 um 23,00 Uhr.

Vom Bahnhof Wlodawa bis zur Kleinstadt Wlodawa, die etwa 6 km entfernt ist, wurden die Juden durch Gendarmerie und das Transportkommando zu Fuß transportiert. Ankunft in der Stadt Wlodawa um 30.4.1942 um 6,00 Uhr früh. Am 30.4.1942 um 16,00 Uhr Rückfahrt mit der leeren Garnitur vom Bahnhof Wlodawa. Der Zug ging nur bis Cholm. Ankunft in Cholm um 19,15 Uhr. Da kein Zug mehr abging, mußte im Cholm genächtigt werden. Am 1.5.1942 um 7,45 Uhr Abfahrt von Cholm nach Debica. Ankunft in Debica am 1.5.1942 um 14,15 Uhr. Abfahrt von Debica mit Personenzug am 1.5.1942 um 14,45 Uhr nach Krakau. Ankunft in Krakau am 1.5.1942 um 23,00 Uhr. Da kein Zug nach Wien mehr abging, Nächtigung in Krakau. Abfahrt von Krakau nach Wien am 2.5.1942 um 20,29 Uhr. Ankunft in Wien am 3.5.1942 um 7,00 Uhr früh.

Zur Abbeförderung einer Kiste mit Petroleumkannen und Petroleumkocher, leere Konservendosen, Wassereimer und ähnlichen Geräten wurde vom Offz.v.Kdo.-Dienst die Gestellung eines Kraftwagens (LKW) angefordert. Eintreffen des Transportkommandos bei der 1.Pol.Komp. Süd am 3.5.1942 um 9,00 Uhr.

Erfahrungen:

Die Bewachungsmannschaft von 15 Mann war für diesen Transport ausreichend. Ebenso war die Verpflegung für die Überwachungsmannschaft genügend.

Die Endberichte der Transportkommandos haben sich erhalten, hier der vom 4. Mai 1942.

Manche erlebten das Ende der Deportation nicht. Die Toten wurden am Bahnhof eines Zwischenaufenthaltes gesammelt und abtransportiert.

7

Die Zukunft der Aspanggründe

Nach dem Zweiten Weltkrieg nahm man den Betrieb der Aspangbahn als Lokalbahn trotz beträchtlicher Bombenschäden wieder auf. Durch die Eröffnung der Schnellbahnhaltestelle Rennweg im Mai 1971 verlor der Aspangbahnhof jedoch seine Bedeutung und wurde im Juni/Juli 1977 dann abgetragen. Seit Mai 1979 fahren die Züge der Aspangbahn nicht mehr auf ihrer ursprünglichen Wiener Strecke, sondern starten von Wien-Südbahnhof. Die einstige Aspangstrecke wird heute zum Teil von der Wiener Schnellbahn S7 benutzt. Eine gewaltige Aufwertung erhielt die Aspangbahn jedoch zwischen Wiener Neustadt und Aspang. Im Zuge der neuen Netzkategorisierung der ÖBB im Jahre 2000 erhielt dieser Teilabschnitt den Status des „Ergänzungsnetzes", gehört nun also zur zweithöchsten Streckenkategorie.

Die Natur nimmt die Aspanggründe seit Jahren schon wieder in Besitz.

Von den Ruinen des Aspangbahnhofes ist schon fast nichts mehr zu sehen.

Auch die Rampen sind kaum mehr zu
erkennen.

91

Projektbeurteilungen

Preiszuerkennung,
vom Preisgericht als bestqualifiziert beurteilt
und für die **Weiterverfolgung empfohlen**:

Projekt **33**   **fischer naumann partnerschaft**
architekten ingenieure
Stuttgart
mit
Kirstin Arndt,
Freischaffende Künstlerin
Ludwigsburg
Deutschland

Ein Graben, 35 m lang, 5 m tief und, mit dem Maß des Menschen mit aus-
gebreiteten Armen, 1,9 m breit, soll in der Parklandschaft, unmittelbar am
Bauplatz für die Aron Menczer-Schule, und in diesen eingreifend, gezogen
werden.
Dieser Einschnitt wird durch eine „... aus dem Erdreich heraustretende, 90
- 150 cm hohe Edelstahlwandung weithin deutlich sichtbar gemacht ...".
Die Edelstahlwandung an den Innenseiten des Einschnitts zeigt vom Ge-
ländeniveau abwärts die eingravierten Namen der Deportierten.
Der Entwurf bezieht seine besondere Qualität aus der Zurückhaltung, mit
der, unter Einsatz eines Minimums an Gestaltungsaufwand, doch ohne das
Dogma des Minimalismus zu bemühen, die simple Maßnahme eines tiefen
Grabens im Gelände zur eindrucksvollen Demonstration für das Namenlo-
se geformt wird: die an der Innenseite des Grabens eingravierten Namen,
zunächst noch lesbar, verlieren sich in der Tiefe des Unlesbaren, lassen so
jedes einzelne der Opfer gegenwärtig sein, und stehen gleichzeitig für die
Unerfaßbarkeit, Unfaßbarkeit des Geschehens, an das es zu erinnern, vor
dem es zu mahnen gilt.
Mit derselben Unaufdringlichkeit wird die Verortung des „Grabens" vorge-
nommen: wohl quert er den Park und „... zerschneidet, trennt und hinter-
läßt eine nicht mehr schließbare Wunde ...", seine Länge und Gerichtetheit
jedoch ist wohl überlegt und derart bemessen, daß der Park seine Durch-
gängigkeit und damit seinen Wert als Erholungsfläche nicht verliert;
gleichzeitig reicht der Graben in den Bauplatz der Aron Menczer-Schule
hinein, wodurch die enge Verbindung zu diesem Bildungsort, mit seinem
hier in Zukunft entstehenden Gedenkraum, sehr deutlich und sinnhaft vor
Augen geführt wird.
Offensichtlich um „die Schärfe des Entwurfs" in den vorgelegten Darstel-
lungen herauszustellen, werden Vorkehrungen, die bei einer Verwirkli-
chung des Vorschlags notwendig sein werden, nicht gezeigt: dies gilt für
die „Lichtkante" ebenso wie für andere Einrichtungen der Sicherheit und
Instandhaltung.
Weiters sind im Entwurf keine Gestaltungsmaßnahmen im unmittelbaren
Umraum der Gedenkstätte dargestellt; die Idee, „... keinen Weg um die Gedenkstätte ... anzulegen, vielmehr soll sich hier im Laufe der Jahre allmäh-
lich ein Trampelpfad bilden ...", wird sich im öffentlichen Raum dieser Pro-
minenz voraussichtlich nicht verwirklichen lassen.
Die Umsetzbarkeit des Vorschlags innerhalb des vorgegebenen Kosten-
rahmens ist gegeben.
Es wird die Möglichkeit gesehen, durch ins Einzelne gehende Überlegun-
gen bei der Bemessung der verwendeten Materialien, insbesondere für
den „Edelstahlkasten", Einsparungspotentiale zu nutzen.

Wettbewerb
Gedenkstätte
für den deportierten Nachbarn
auf dem Gelände
des ehem. Wiener Aspangbahnhofes
Wien 3

Derzeit erinnert ein Mahnmal an die Deportation der Wiener Juden vom Aspangbahnhof. Für
die Zukunft ist eine Gedenkstätte geplant. Der favorisierte Entwurf stammt vom Büro fischer
naumann partnerschaft, das mit der Künstlerin Kristin Arndt zusammenarbeitet.

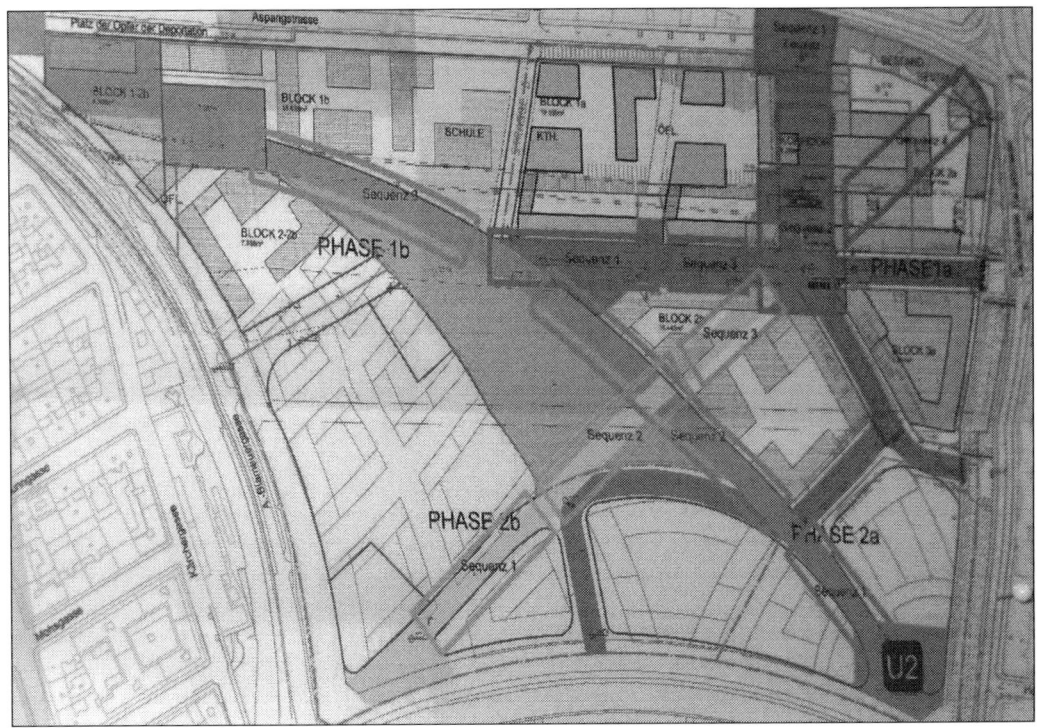

Verbauungspläne für das Gelände des ehemaligen Aspangbahnhofs. Sie entstanden im Rahmen eines Wettbewerbs im Jahre 2005.

Bildnachweis

Bezirksmuseum Landstraße: Seite 9, 10, 11, 12, 13, 14, 15, 16, 17, 18, 20, 21, 22, 23, 24, 25, 26, 27, 28, 29, 30, 32, 33, 34, 35, 37, 38 o., 40 u., 43, 44, 48 o., 70, 89, 90, 91, 92, 93.
Mag. Luft: Seite 31, 36, 38 u., 39, 40 o.
Slezak, Paul, Slezak, Friedrich u.a., Wiener Neustädter Kanal und Aspangbahn, 1989: Seite 41, 72, 73, 74.
Frau Hannah Kreissel: Seite 78, 79.
picture-alliance/akg-images: Seite 49
Zentralarchiv des Österreichischen Widerstandes: Seite 80, 81, 82, 83, 87, 88.

Alle übrigen Abbildungen stammen aus dem Archiv des Autors.

Literatur

GOTTWALD A. UND SCHULLE D.: *Die „Judendeportationen" aus dem Deutschen Reich 1941-1945*, Marixverlag, 2005.

SLEZAK PAUL, SLEZAK FRIEDRICH U.A.: *Wiener Neustädter Kanal und Aspangbahn*, Verlag Josef Otto Slezak, 1989

Zeitfracht Medien GmbH
Ferdinand-Jühlke-Straße 7
99095 Erfurt, Deutschland
produktsicherheit@kolibri360.de

Druck:
CPI Druckdienstleistungen GmbH
im Auftrag der
Zeitfracht Medien GmbH
Ein Unternehmen der Zeitfracht - Gruppe
Ferdinand-Jühlke-Str. 7
99095 Erfurt